Stoïcisme pour narcissique

Un chemin vers la conscience de soi, la croissance personnelle et l'amélioration des relations

Frank Briggs

TABLE DES MATIÈRES

Introduction

Le paradoxe du narcissisme et du stoïcisme

Bienvenue, cher lecteur, dans un voyage transformateur qui unit deux mondes apparemment contradictoires : le narcissisme et le stoïcisme. À première vue, ces concepts peuvent paraître incompatibles. Le narcissisme, qui met l'accent sur l'admiration de soi et la validation externe, contraste fortement avec l'accent mis par le stoïcisme sur l'humilité, la paix intérieure et la résilience. Pourtant, c'est précisément ce paradoxe qui recèle le potentiel d'une profonde transformation personnelle. En adoptant les principes stoïciens, ceux qui s'identifient ou sont touchés par des traits narcissiques peuvent s'engager sur la voie de la conscience de soi, de la croissance personnelle et de relations plus saines.

Comprendre le narcissisme : traits et défis

Pour parcourir ce voyage, nous devons d'abord comprendre le terrain du narcissisme. Le narcissisme est souvent mal compris, décrit à grands traits comme de la simple vanité ou de l'arrogance. Cependant, c'est beaucoup plus complexe, englobant un éventail de comportements et d'attitudes qui peuvent profondément affecter la vie et les relations d'une personne. Les traits clés incluent un sentiment exagéré de suffisance, un besoin constant d'admiration, un manque d'empathie et une sensibilité intense à la critique. Ces caractéristiques peuvent entraîner des défis importants, tels que des relations tendues, des troubles internes et une recherche insatisfaite de validation externe.

Pour ceux qui luttent contre des tendances narcissiques, la vie peut ressembler à une performance incessante, une quête pour maintenir une image de perfection. Derrière cette façade se cache souvent une peur profondément ancrée de vulnérabilité et d'inadéquation. La recherche d'une approbation constante peut être épuisante, conduisant à des cycles de grandeur et de désespoir. C'est ici, au milieu de ces luttes, que le stoïcisme offre une lueur d'espoir.

Les idées fausses sur le stoïcisme

Avant d'examiner comment le stoïcisme peut nous aider dans ce voyage, il est essentiel de dissiper certaines idées fausses courantes sur le stoïcisme lui-même. Beaucoup perçoivent le stoïcisme comme une philosophie froide et sans émotion qui préconise de supprimer les sentiments et d'endurer la souffrance avec la lèvre supérieure raide. Cela ne pourrait pas être plus éloigné de la vérité.

Le stoïcisme, fondé par Zénon de Citium et développé par de grands esprits tels que Épictète, Sénèque et Marc Aurèle, est une philosophie qui nous apprend à vivre en harmonie avec la nature, à cultiver des vertus telles que la sagesse, le courage, la justice et la tempérance. et atteindre la tranquillité grâce à la pensée rationnelle et à la régulation émotionnelle. Cela n'exige pas la suppression des émotions mais encourage à les comprendre et à les gérer de manière constructive. Le stoïcisme permet aux individus de se concentrer sur ce qui est sous leur contrôle et d'accepter avec grâce ce qui ne l'est pas, favorisant ainsi un sentiment de paix intérieure et de résilience.

Comment le stoïcisme peut aider les narcissiques : une approche contre-intuitive

Maintenant, vous vous demandez peut-être comment une philosophie qui met l'accent sur l'humilité et la vertu peut-elle profiter à une personne ayant des tendances narcissiques ? La réponse réside dans le pouvoir transformateur des pratiques stoïciennes. En guidant les individus à regarder à l'intérieur, à remettre en question leurs pensées et réactions automatiques et à cultiver une véritable conscience de soi, le stoïcisme fournit les outils nécessaires pour se libérer des chaînes des schémas narcissiques.

Pour le narcissique, le voyage commence par la conscience de soi. Le stoïcisme nous apprend à observer nos pensées et nos actions sans jugement, à comprendre nos motivations et à reconnaître l'impact de notre comportement sur nous-mêmes et sur les autres. Cette pratique peut mettre en lumière les peurs et les insécurités cachées à l'origine des comportements narcissiques, offrant ainsi une voie vers une authentique compréhension de soi.

De plus, les principes stoïciens peuvent aider les narcissiques à développer leur résilience et leur stabilité émotionnelle. En se concentrant sur ce qui est sous leur contrôle et en abandonnant le besoin de validation externe, les individus peuvent cultiver un sentiment de force intérieure et d'autonomie. Le stoïcisme encourage également l'empathie et la compassion, vertus qui peuvent transformer les relations et favoriser des liens plus profonds et plus significatifs.

Préparer le terrain : objectifs et structure du livre

Ce livre est structuré pour vous guider étape par étape tout au long de ce voyage transformateur. Nos objectifs sont triples : favoriser la conscience de soi, promouvoir la croissance personnelle et améliorer les relations. Chaque section du livre aborde ces objectifs à travers le prisme de la philosophie stoïcienne, proposant des exercices pratiques, des exemples concrets et des réflexions perspicaces.

- **Partie 1 : Conscience de soi**: Nous explorerons le concept de conscience de soi, en approfondissant les traits narcissiques qui l'entravent et les pratiques stoïciennes qui peuvent l'améliorer. Vous apprendrez des techniques pour une auto-réflexion honnête, accepter la vulnérabilité et cultiver la pleine conscience.
- **Partie 2 : Croissance personnelle**: Cette section se concentre sur le renforcement de la résilience et de la force intérieure, le développement de l'autodiscipline et la recherche d'un but au-delà des objectifs égocentriques. Grâce à des exercices stoïciens et à des conseils pratiques, vous apprendrez à transformer votre monde

intérieur et à favoriser une véritable croissance.

- **Partie 3 : Des relations améliorées**: Nous examinerons l'impact du narcissisme sur les relations et explorerons les stratégies stoïciennes pour cultiver l'empathie, une communication efficace et la résolution des conflits. Vous découvrirez comment construire et entretenir des relations saines et épanouissantes.

- **Partie 4 : Intégration et maîtrise**: La dernière section fournit des conseils pour créer une pratique stoïcienne quotidienne, surmonter les revers et maintenir les progrès. Vous apprendrez à intégrer les principes stoïciens dans votre identité, à célébrer votre croissance et à inspirer les autres avec votre parcours.

Embarquez sur ce chemin avec un cœur et un esprit ouverts. Le voyage peut être difficile, mais les récompenses (conscience de soi, croissance personnelle et relations enrichies) sont profondes. Commençons cette exploration transformatrice, guidés par la sagesse des stoïciens, vers une vie plus épanouie et plus authentique.

Partie 1 : Conscience de soi

Chapitre 1 : Dévoiler le vrai soi

Adopter la découverte de soi : une invitation stoïcienne

Bienvenue à la première étape sur la voie d'une transformation profonde. Dans ce chapitre, nous nous embarquons dans un voyage pour dévoiler le vrai soi, un voyage à la fois éclairant et libérateur. En tant que stoïcien, je vous invite à aborder cette exploration avec courage, curiosité et compassion. Le processus de découverte de soi est fondamental pour la croissance personnelle et l'amélioration des relations. En comprenant qui nous sommes vraiment, nous posons les bases d'un changement durable.

Narcissisme et masque de perfection

Le narcissisme implique souvent de construire une façade de perfection. Ce masque, méticuleusement confectionné et farouchement défendu, est conçu pour susciter l'admiration et se protéger des critiques. C'est une barrière protectrice qui cache des insécurités et des peurs profondément ancrées. Bien que ce masque puisse offrir une validation temporaire, il empêche en fin de compte une véritable conscience de soi et des connexions authentiques avec les autres.

Le stoïcisme, en revanche, nous encourage à faire face à la réalité avec honnêteté et humilité. Pour dévoiler le vrai soi, nous devons d'abord reconnaître et accepter les masques que nous portons. Cela nécessite une volonté de confronter des vérités inconfortables sur nous-mêmes : nos peurs, nos défauts et nos vulnérabilités. Mais rassurez-vous, car cet acte courageux est le premier pas vers la libération.

Le principe stoïcien de la connaissance de soi

Les anciens stoïciens soulignent l'importance de la connaissance de soi. «Connais-toi toi-même», la maxime delphique, a profondément trouvé un écho chez les penseurs stoïciens. Pour les stoïciens, se comprendre soi-même était la pierre angulaire d'une vie vertueuse. Grâce à l'auto-examen et à la réflexion, ils pensaient que nous pouvions aligner nos actions sur notre vraie nature et vivre en harmonie avec le monde.

Pour entamer ce processus, adoptons un état d'esprit d'ouverture et de curiosité. Abordez votre monde intérieur en tant qu'exportateur, désireux de découvrir des paysages cachés. La connaissance de soi n'est pas une question de jugement de soi mais de compréhension. Il s'agit de nous voir clairement et avec compassion, en reconnaissant à la fois nos forces et nos domaines de croissance.

Techniques d'autoréflexion et d'honnêteté

1. **Journal quotidien**
   - La tenue d'un journal est une pratique stoïcienne puissante pour l'auto-réflexion. Chaque jour, réservez du temps pour écrire sur vos pensées, vos sentiments et vos expériences. Réfléchissez à vos

actions et à vos motivations. Demandez-vous : qu'est-ce qui a motivé mon comportement aujourd'hui ? Quelles émotions ai-je ressenties et pourquoi ? Comment ai-je réagi aux défis ?

- Grâce à la journalisation, vous créez un dialogue avec vous-même, favorisant ainsi une compréhension de soi plus profonde. Cette pratique vous permet d'observer des schémas dans vos pensées et vos comportements, éclairant les domaines qui nécessitent attention et croissance.

2. **La vue d'en haut**

- Les stoïciens pratiquaient souvent une technique connue sous le nom de « vue d'en haut ». Cela implique de s'imaginer depuis une perspective plus élevée, d'observer sa vie en tant qu'étranger. Cet exercice vous aide à vous détacher des émotions immédiates et à voir le contexte plus large de vos actions et décisions.

- En adoptant cette perspective, vous gagnez en clarté et en objectivité. Vous pouvez mieux évaluer dans quelle mesure vos comportements correspondent à vos valeurs et à vos objectifs à long terme. Cette pratique favorise l'humilité et un sentiment d'interconnexion avec le monde dans son ensemble.

3. **Remettre en question les pensées automatiques**

- Les tendances narcissiques impliquent souvent des pensées automatiques et non examinées. Celles-ci peuvent inclure des hypothèses sur votre valeur, les perceptions des autres ou votre besoin de validation. Le stoïcisme nous encourage à remettre en question ces pensées automatiques.

- ○ Lorsque vous remarquez une pensée récurrente, faites une pause et examinez-la. Posez-vous la question : cette pensée est-elle rationnelle ? Est-ce basé sur des preuves ou des hypothèses ? En quoi cette pensée me sert-elle ? En remettant en question vos pensées, vous pouvez identifier les distorsions et les remplacer par des perspectives plus équilibrées et constructives.

4. **Rechercher des commentaires honnêtes**
   - ○ Le narcissisme peut déformer notre perception de soi, ce qui rend difficile de nous voir avec précision. La recherche de commentaires honnêtes auprès de personnes de confiance peut fournir des informations précieuses. Abordez vos amis, votre famille ou vos mentors avec un véritable désir de comprendre comment vous êtes perçu.

- ○ Demandez des commentaires spécifiques sur vos comportements et leur impact. Écoutez avec un esprit ouvert, sans attitude défensive. Utilisez ces commentaires pour améliorer votre conscience de soi et guider votre croissance.

Accepter la vulnérabilité

Dévoiler le vrai soi nécessite d'accepter la vulnérabilité. Cela peut sembler intimidant, surtout pour ceux qui sont habitués à projeter leur vulnérabilité. Cependant, la vulnérabilité est une source de force et non de faiblesse. C'est la passerelle vers des connexions authentiques et une compréhension de soi plus profonde.

Reconnaissez que tout le monde a des défauts et des insécurités. Accepter et s'approprier ces aspects de vous-même vous permet d'aller au-delà. En acceptant la vulnérabilité, vous vous libérez du besoin constant de maintenir une façade. Vous créez un espace pour une véritable croissance et transformation.

Pratiquer la pleine conscience

La pleine conscience est une pratique stoïcienne clé qui améliore la conscience de soi. En cultivant la conscience du moment présent, vous devenez plus à l'écoute de vos pensées, émotions et comportements. La pleine conscience vous permet d'observer votre monde intérieur sans jugement, favorisant ainsi une compréhension plus profonde de vous-même.

- **Respiration consciente**: Prenez des moments tout au long de la journée pour vous concentrer sur votre respiration. Notez les sensations d'inspiration et d'expiration. Cette pratique simple vous ancre dans le moment présent et crée un sentiment de calme et de clarté.
- **Méditation par scan corporel**: Périodiquement, scannez votre corps de la tête aux pieds, en observant les zones de tension ou d'inconfort. Cette pratique vous

aide à vous connecter à vos sensations physiques et à comprendre comment vos émotions se manifestent dans votre corps.

- **Observation attentive**: Participez à des activités avec toute votre attention. Que ce soit en mangeant, en marchant ou en conversant, apportez une conscience consciente à chaque expérience. Remarquez les détails, les sensations et les émotions qui surviennent.

La journée commence

Alors que nous concluons ce premier chapitre, rappelez-vous que dévoiler le vrai soi est un voyage continu. Cela demande de la patience, de la persévérance et une attitude compatissante envers soi-même. En adoptant les principes et les pratiques stoïciennes, vous préparez le terrain pour une profonde conscience de soi et une croissance personnelle.

Chapitre 2 : Accepter la vulnérabilité

Le courage d'être imparfait : une invitation stoïcienne

Bienvenue, cher lecteur, dans le deuxième chapitre de votre voyage transformateur. Ici, nous approfondissons le concept profond et souvent intimidant de vulnérabilité. Accepter la vulnérabilité est un acte d'un immense courage, en particulier pour ceux qui sont aux prises avec des tendances narcissiques. Cela implique de reconnaître nos faiblesses, d'affronter nos peurs et d'accepter nos défauts personnels. Pourtant, c'est grâce à cet acte courageux que nous pouvons libérer le véritable pouvoir de la conscience de soi, conduisant à une véritable croissance personnelle et à des relations plus saines.

Le pouvoir de reconnaître ses faiblesses

Dans un monde qui assimile souvent vulnérabilité et faiblesse, reconnaître nos imperfections peut sembler contre-intuitif. Cependant, les stoïciens comprenaient que la véritable force naît de l'acceptation de nos vulnérabilités. En reconnaissant et en acceptant nos faiblesses, nous pouvons les transcender, transformant ainsi notre vie.

Le processus commence par l'honnêteté personnelle. Reconnaître nos faiblesses, c'est affronter les parties de nous-mêmes que nous cachons ou nions souvent. C'est un acte de profond respect de soi et d'authenticité. Lorsque nous admettons nos défauts, nous ouvrons la porte à l'amélioration personnelle et à la croissance. Nous devenons plus résilients, adaptables et empathiques.

Prenons l'exemple du philosophe stoïcien Sénèque, qui a beaucoup écrit sur ses propres luttes et ses lacunes. La volonté de Sénèque de partager ses vulnérabilités a rendu ses enseignements plus pertinents et plus puissants. Il a démontré que reconnaître nos faiblesses ne nous diminue pas ; au contraire, cela nous humanise, favorisant un lien plus profond avec nous-mêmes et avec les autres.

Comment les stoïciens font face à leurs peurs

Les stoïciens étaient passés maîtres dans l'art d'affronter leurs peurs avec sérénité. Ils ont compris que la peur vient souvent de notre attachement aux résultats extérieurs et de notre réticence à accepter l'incertitude. En cultivant une attitude d'acceptation et en nous concentrant sur ce qui est sous notre contrôle, nous pouvons affronter et surmonter nos peurs.

1. **Dichotomie du contrôle**
   - Au cœur de la philosophie stoïcienne se trouve la dichotomie du contrôle : la distinction entre ce que nous pouvons et ce que nous ne pouvons pas contrôler. Nous ne pouvons pas contrôler les événements extérieurs ou les actions des autres, mais nous pouvons contrôler nos réponses et nos attitudes. Ce principe

fondamental nous permet d'affronter nos peurs avec calme et résilience.

- o Réfléchissez à vos peurs et identifiez les aspects qui sont sous votre contrôle. Concentrez votre énergie sur ces domaines et laissez tomber le reste. Ce changement de perspective peut réduire considérablement l'anxiété et vous permettre de relever les défis en toute confiance.

2. **Visualisation négative**
   - o Les stoïciens pratiquaient la visualisation négative, imaginant les pires scénarios pour se préparer à l'adversité. En visualisant les défis et les revers potentiels, ils ont réduit la peur de l'inconnu et renforcé leur résilience.
   - o Prenez le temps de réfléchir à vos peurs. Imaginez les pires résultats possibles et réfléchissez à la manière dont vous y ferez face. Cet

exercice peut diminuer le pouvoir de vos peurs et augmenter votre confiance dans la gestion des situations difficiles.

3. **Inconfort volontaire**
   - Les stoïciens croyaient à la pratique de l'inconfort volontaire pour renforcer la résilience. En s'exposant intentionnellement à des difficultés mineures, ils se préparaient à des adversités plus graves et développent une plus grande appréciation de leurs bénédictions.
   - Intégrez de petits défis à votre routine quotidienne, comme prendre des douches froides, jeûner ou engager des conversations difficiles. Ces pratiques peuvent améliorer votre capacité à faire face à la peur et à l'inconfort avec sérénité.

Exercices pour identifier et accepter les défauts personnels

1. **Réflexion personnelle et journalisation**
   - L'autoréflexion est la pierre angulaire de la pratique stoïcienne. Prévoyez du temps chaque jour pour réfléchir à vos pensées, vos actions et vos émotions. Utilisez la journalisation comme un outil pour documenter vos réflexions et identifier les modèles et les défauts récurrents.
   - Demandez-vous : quelles sont mes pensées négatives récurrentes ? Comment mes actions s'alignent-elles avec mes valeurs ? Quelles sont mes plus grandes peurs et insécurités ? En répondant honnêtement à ces questions, vous pourrez mieux comprendre vos défauts personnels.

2. **Rechercher des commentaires constructifs**

- Un autre exercice puissant consiste à rechercher des commentaires constructifs auprès de personnes de confiance. Abordez vos amis, votre famille ou vos mentors avec un véritable désir de comprendre comment vous êtes perçu et comment vos actions impactent les autres.
- Formulez votre demande de commentaires d'une manière qui encourage l'honnêteté et la spécificité. Par exemple, demandez : « Pouvez-vous partager un cas où mon comportement a été inutile ou blessant ? Comment aurais-je pu mieux gérer ça ? Utilisez ces commentaires pour identifier les domaines de croissance et d'amélioration.

3. **Pratiquer l'auto-compassion**

- Accepter la vulnérabilité nécessite de l'auto-compassion. Reconnaissez que tout le monde a des défauts et fait des erreurs. Offrez-vous la même gentillesse et la même compréhension que vous offririez à un ami.

- Pratiquez l'auto-compassion en reconnaissant vos imperfections sans vous juger. Rappelez-vous que la croissance est un voyage continu et que chaque pas en avant, aussi petit soit-il, est un progrès.

4. **Réflexion méditative sur les défauts**

- Intégrez la réflexion méditative à votre routine. Asseyez-vous tranquillement et concentrez-vous sur votre respiration. Au fur et à mesure que des pensées surgissent, dirigez doucement votre attention vers vos défauts personnels. Observez-les sans attachement ni jugement, en leur permettant d'aller et venir.

- ○ Cette pratique vous aide à cultiver une conscience consciente de vos imperfections, favorisant l'acceptation et un sentiment de paix. En observant vos défauts sans attachement, vous pouvez commencer à les transformer.

La force de la vulnérabilité

En concluant ce chapitre, rappelez-vous que la vulnérabilité n'est pas un signe de faiblesse mais un témoignage de votre force et de votre courage. En acceptant vos imperfections et en affrontant vos peurs, vous ouvrez la voie à une profonde conscience de soi et à une croissance personnelle. La voie stoïcienne ne consiste pas à atteindre la perfection mais à rechercher l'amélioration continue et l'authenticité.

Embrassez ce voyage avec un cœur et un esprit ouverts. Laissez vos vulnérabilités vous guider vers une compréhension de soi plus profonde et des connexions plus significatives. À mesure que vous avancez, puisez votre force dans la sagesse des stoïciens, sachant que chaque pas que vous faites vous rapproche d'une vie plus épanouie et plus résiliente.

Chapitre 3 : Pleine conscience et conscience actuelle

Le pouvoir de la pleine conscience : une invitation stoïcienne

Bienvenue, cher lecteur, dans un chapitre consacré à la pratique transformatrice de la pleine conscience et de la conscience du présent. Dans notre voyage vers la conscience de soi, la croissance personnelle et l'amélioration des relations, cultiver la pleine conscience est une étape cruciale. La pleine conscience, l'art d'être pleinement présent dans l'instant présent, nous permet de nous libérer des chaînes de validation externe et de découvrir la paix et la clarté profondes qui résident en nous. En tant que stoïcien, je vous invite à adopter cette pratique avec dévouement et un cœur ouvert, car elle détient la clé d'une vie plus centrée et authentique.

L'accent du narcissique sur la validation externe

Le narcissisme implique souvent une recherche incessante de validation externe. Cette quête d'admiration et d'approbation peut dominer les pensées et les actions d'une personne, créant un cycle de dépendance à l'égard des opinions des autres. Cette focalisation sur l'extérieur empêche une véritable conscience de soi et une paix intérieure, car elle lie le sentiment de valeur à des circonstances extérieures en constante évolution.

Le stoïcisme nous apprend à regarder à l'intérieur, à trouver notre valeur et notre contentement en nous-mêmes plutôt qu'à partir de sources externes. En pratiquant la pleine conscience, nous pouvons passer de la recherche d'une validation en dehors de nous-mêmes à l'entretien d'un sentiment de valeur authentique et intérieur. Cette transition est essentielle pour sortir du cycle épuisant et insatisfaisant de la validation externe.

Pratiquer la pleine conscience : techniques et avantages

La pleine conscience est la pratique consistant à accorder une attention délibérée au moment présent, sans jugement. Cela implique d'observer vos pensées, vos émotions et vos sensations au fur et à mesure qu'elles surviennent, favorisant ainsi un état de conscience et d'acceptation. Les avantages de la pleine conscience sont profonds, en particulier pour ceux qui luttent contre des tendances narcissiques.

1. **Respiration consciente**
   - **Technique**: Trouvez un endroit calme pour vous asseoir confortablement. Fermez les yeux et inspirez profondément, suivi d'une expiration lente. Concentrez votre attention sur la sensation de votre souffle entrant et sortant de votre corps. Si votre esprit s'égare,

ramenez doucement votre concentration sur votre respiration.

- ○ **Avantages**: La respiration consciente aide à calmer l'esprit et le corps, réduisant ainsi le stress et l'anxiété. Il vous ancre dans le moment présent, favorisant un sentiment de paix intérieure et de clarté.

2. **Méditation par scan corporel**

- ○ **Technique**: Allongez-vous ou asseyez-vous confortablement et fermez les yeux. En commençant par vos orteils, déplacez lentement votre attention vers le haut de votre corps, en remarquant toute zone de tension ou d'inconfort. Respirez dans ces zones, libérant les tensions lorsque vous expirez.
- ○ **Avantages**: Cette pratique améliore la conscience du corps, vous aidant à vous connecter à vos sensations physiques et à libérer les tensions stockées. Il favorise la relaxation et

une compréhension plus profonde de la manière dont les émotions se manifestent dans le corps.

3. **Observation attentive**

   - **Technique**: Choisissez un objet dans votre environnement, comme une fleur ou une œuvre d'art. Passez quelques minutes à l'observer de près, en remarquant ses couleurs, ses formes, ses textures et tout autre détail. Engagez pleinement vos sens dans l'observation.

   - **Avantages**: L'observation consciente cultive une appréciation plus profonde du moment présent et améliore votre capacité de concentration. Cela aide à détourner votre attention des soucis et des distractions, favorisant ainsi un sentiment d'émerveillement et de présence.

4. **Manger en pleine conscience**
    - **Technique**: Lors d'un repas, concentrez-vous entièrement sur l'expérience de manger. Notez les couleurs, les textures et les saveurs de vos aliments. Mâchez lentement et savourez chaque bouchée, en faisant attention aux sensations et à la réaction de votre corps.
    - **Avantages**: Une alimentation consciente favorise une relation saine avec la nourriture, améliore la digestion et favorise la gratitude pour la nourriture que vous recevez. Cela aide également à briser l'habitude de manger inconsidérément, qui peut être liée à une détresse émotionnelle.

Pratiques stoïciennes quotidiennes pour améliorer la conscience de soi

L'intégration de pratiques stoïciennes dans votre routine quotidienne peut améliorer considérablement votre pleine conscience et votre conscience de soi. Ces pratiques, ancrées dans la sagesse ancienne, offrent des conseils pratiques pour vivre une vie consciente et intentionnelle.

1. **Réflexion du matin**
   - **Pratique**: Commencez chaque journée par un moment de réflexion. Considérez la journée à venir et définissez vos intentions. Demandez-vous : quelles sont mes priorités aujourd'hui ? Comment puis-je agir en accord avec mes valeurs ? À quels défis pourrais-je être confronté et comment puis-je les gérer en pleine conscience ?
   - **Avantage**: La réflexion matinale vous aide à commencer la journée avec clarté et détermination. Il aligne vos actions sur vos valeurs et vous prépare à relever les défis avec un état d'esprit attentif et stoïcien.

2. **Revue du soir**
   - **Pratique**: À la fin de chaque journée, consacrez quelques minutes à revoir vos actions et vos expériences. Réfléchissez à ce que vous avez bien fait, aux domaines dans lesquels vous avez eu des difficultés et à ce que vous avez appris. Demandez-vous : comment ai-je réagi aux défis ? Ai-je agi conformément à mes valeurs ? Que puis-je améliorer demain ?
   - **Avantage**: L'examen du soir favorise l'amélioration continue et la conscience de soi. Cela vous permet d'apprendre de vos expériences et d'ajuster consciemment votre comportement.
3. **Pratique de gratitude**
   - **Pratique**: Chaque jour, prenez un moment pour réfléchir à ce pour quoi vous êtes reconnaissant. Écrivez au moins trois choses que vous appréciez dans votre vie, en

vous concentrant à la fois sur les bénédictions importantes et les petites.

- **Avantage**: La pratique de la gratitude déplace votre attention de ce qui manque vers ce qui est abondant dans votre vie. Cela améliore votre sentiment de contentement et réduit la tendance à rechercher une validation externe.

4. **Journalisation stoïcienne**
   - **Pratique**: Tenez un journal stoïcien dans lequel vous documentez vos pensées, vos réflexions et vos idées. Utilisez des questions telles que : Qu'ai-je appris sur moi-même aujourd'hui ? Comment ai-je géré mes émotions ? Quels principes stoïciens ai-je appliqué et comment ont-ils affecté les actions ?
   - **Avantage**: La tenue d'un journal stoïcien approfondit votre

conscience de soi et renforce les principes stoïciens dans votre vie quotidienne. Il fournit un enregistrement de votre croissance et une source d'inspiration pour les défis futurs.

5. **Marche en pleine conscience**
   - **Pratique**: Intégrez la marche consciente à votre routine. Pendant que vous marchez, concentrez-vous sur la sensation de vos pieds touchant le sol, le rythme de vos pas et le mouvement de votre corps. Remarquez les images, les sons et les odeurs autour de vous.
   - **Avantage**: La marche en pleine conscience vous ancre dans le moment présent et vous connecte à votre environnement. Il améliore votre conscience et procure un sentiment de paix et de détente.

Le voyage de la pleine conscience

Alors que nous concluons ce chapitre, rappelez-vous que la pleine conscience est un voyage et non une destination. Cela nécessite une pratique constante et de la patience, mais les récompenses sont profondes. En cultivant la pleine conscience, vous pouvez vous libérer du cycle de validation externe et découvrir une perception de soi plus profonde et plus authentique.

Adoptez ces pratiques avec dévouement et un cœur ouvert. Laissez la pleine conscience vous guider vers une plus grande conscience de soi, une paix intérieure et un épanouissement. Tandis que vous poursuiviez sur ce chemin, puisez votre force dans la sagesse des stoïciens, sachant que chaque moment de pleine conscience vous rapproche d'une vie plus authentique et plus résiliente.

Partie 2 : Croissance personnelle

Chapitre 4 : Développer la résilience et la force intérieure

Le pouvoir de la résilience : une invitation stoïcienne

Bienvenue, cher lecteur, dans un chapitre consacré à l'un des aspects les plus stimulants de la croissance personnelle : développer la résilience et la force intérieure. La résilience, c'est-à-dire la capacité de résister à l'adversité et de s'en remettre, est essentielle pour relever les défis de la vie avec grâce et courage. Pour ceux qui luttent contre des tendances narcissiques, développer la résilience peut être particulièrement transformateur, permettant de passer d'une estime de soi fragile basée sur une validation externe à un solide sentiment de force intérieure. En tant que stoïcien, je vous invite à entreprendre ce voyage avec détermination et ouverture, car il vous mènera à une profonde croissance personnelle et à une vie plus épanouissante.

Comprendre la résilience émotionnelle chez les narcissiques

Les narcissiques affichent souvent une façade de confiance et d'invulnérabilité, mais sous cet extérieur se cache une estime de soi fragile et très sensible aux critiques et à l'échec. La résilience émotionnelle – la capacité de s'adapter et de s'épanouir face au stress et à l'adversité – est souvent sous-développée chez les individus présentant des traits narcissiques. Ce manque de résilience peut conduire à un cycle de comportements défensifs, tels que le déni, le rejet de la faute et l'agressivité, qui les éloignent davantage des autres et entravent leur croissance personnelle.

Développer la résilience émotionnelle implique de cultiver une base intérieure d'estime de soi indépendante de la validation externe. Cela nécessite de faire face à ses vulnérabilités, d'accepter l'imperfection et d'apprendre à gérer les hauts et les bas de la vie avec sérénité. Le stoïcisme propose des outils et des pratiques puissants pour renforcer cette résilience, transformant ainsi la façon dont nous réagissons aux défis et aux revers.

Exercices stoïciens pour cultiver la force intérieure

Les stoïciens croyaient que la force intérieure se cultivait par une pratique délibérée et l'application de principes philosophiques. Voici quelques exercices stoïciens clés pour vous aider à développer votre résilience et votre courage :

1. **La dichotomie du contrôle**
   - **Exercice**: Réfléchissez quotidiennement à la dichotomie du contrôle, en faisant la distinction entre ce que vous pouvez contrôler (vos pensées, actions et réponses) et ce que vous ne pouvez pas contrôler (événements externes, opinions des autres et résultats). Face à un défi,

rappelez-vous de vous concentrer sur vos réponses internes plutôt que sur les circonstances externes.

- ○ **Avantage**: Cette pratique vous aide à développer un sentiment d'autonomisation et de sérénité, à mesure que vous apprenez à abandonner ce qui échappe à votre contrôle et à vous concentrer sur ce que vous pouvez influencer.

2. **Visualisation négative**
   - ○ **Exercice**: Pratiquez régulièrement la visualisation négative en imaginant des défis ou des revers potentiels. Réfléchissez à la manière dont vous feriez face à ces situations et visualisez-vous en train de réagir avec résilience et sang-froid.
   - ○ **Avantage**: La visualisation négative vous prépare mentalement à l'adversité, réduisant ainsi la peur et l'anxiété. Cela améliore votre capacité à rester calme et

débrouillard face à des difficultés inattendues.

3. **Inconfort volontaire**
   - **Exercice**: Exposez-vous intentionnellement à des inconforts mineurs, comme jeûner, prendre des douches froides ou s'abstenir de produits de luxe. Ces pratiques vous aident à développer votre résilience mentale et physique.
   - **Avantage**: L'inconfort volontaire renforce votre capacité à endurer les difficultés et favorise une appréciation plus profonde de vos bénédictions. Cela réduit également votre dépendance au confort extérieur et renforce le courage intérieur.

4. **Réflexion stoïcienne**
   - **Exercice**: À la fin de chaque journée, engagez-vous dans une réflexion stoïcienne en passant en revue vos actions et vos réponses. Demandez-vous : comment ai-je

géré l'adversité aujourd'hui ? Qu'ai-je appris de mes défis ? Comment puis-je améliorer ma résilience ?

- **Avantage**: Cette pratique favorise l'amélioration continue et la conscience de soi. Cela vous aide à apprendre de vos expériences et renforce votre engagement envers la croissance personnelle.

5. **Amor Fati (Amour du destin)**
   - **Exercice**: Adoptez le concept d'Amor Fati en acceptant et en aimant votre destin, quel qu'il soit. Face aux difficultés, rappelez-vous que chaque expérience est une opportunité de croissance et de sagesse.

   - **Avantage**: Amor Fati favorise une attitude positive et proactive face aux défis de la vie. Il vous encourage à considérer l'adversité comme une partie précieuse de votre voyage, renforçant la résilience et la force intérieure.

Histoires réelles de transformation grâce à la résilience

Pour vous inspirer et vous motiver dans ce voyage, explorons quelques histoires réelles d'individus qui ont transformé leur vie en renforçant leur résilience et leur force intérieure :

1. **Le parcours de James vers l'acceptation de soi**
   - James, un entrepreneur à succès, luttait contre des tendances narcissiques qui conduisaient à des relations tendues et à une estime de soi fragile. Après un important échec commercial, il fait face à une crise de confiance. Grâce à des pratiques stoïciennes telles que la visualisation négative et l'inconfort volontaire, James a appris à accepter ses vulnérabilités et à renforcer sa résilience. Il a

commencé à considérer les défis comme des opportunités de croissance plutôt que comme des menaces pour son estime de soi. Au fil du temps, James a développé une estime de soi plus forte et plus authentique, conduisant à de meilleures relations et à une vie plus épanouissante.

2. **Le chemin de Sophia vers la paix intérieure**

   - Sophia, une professionnelle très performante, recherchait constamment la validation de ses réalisations. Cette quête incessante la laissait anxieuse et insatisfaite. Initiée au stoïcisme, Sophia a commencé à pratiquer la dichotomie entre contrôle et Amor Fati. Elle a appris à abandonner son besoin d'approbation extérieure et à se concentrer sur la culture de la paix intérieure. En acceptant ses imperfections et l'incertitude de la vie, Sophia a développé une résilience émotionnelle qui a transformé son approche des défis. Aujourd'hui, elle mène sa carrière avec confiance et entretient des relations plus saines et plus authentiques.

3. **La transformation de Liam par la réflexion**

   - Liam, un étudiant, était aux prises avec un sentiment d'incapacité et une peur de l'échec. Ses tendances narcissiques l'empêchaient d'accepter les critiques constructives ou les revers. Grâce à une réflexion stoïcienne quotidienne et à la tenue d'un journal, Liam a commencé à affronter ses peurs et ses insécurités. Il a pratiqué l'inconfort volontaire pour renforcer la résilience et a adopté le principe stoïcien de l'auto-amélioration. Ce voyage a permis à Liam de transformer son état d'esprit, considérant les échecs comme des opportunités d'apprentissage plutôt que comme des défaites personnelles. Il a développé un solide sentiment de force intérieure qui lui a permis de poursuivre ses objectifs avec détermination et grâce.

Embrasser le voyage de la résilience

Alors que nous concluons ce chapitre, rappelez-vous que développer la résilience et la force intérieure est un voyage continu. Cela nécessite une pratique constante, de la patience et une volonté de faire face à vos vulnérabilités. En adoptant les principes et les exercices stoïciens, vous pouvez cultiver un sentiment profond et inébranlable de résilience qui vous permet de relever les défis de la vie avec courage et sang-froid.

Embrassez ce voyage avec dévouement et un cœur ouvert. Laissez la sagesse des stoïciens vous guider vers une plus grande force intérieure et un plus grand épanouissement. Tout en poursuivant sur ce chemin, inspirez-vous des histoires réelles de transformation, sachant que chaque pas que vous faites vous rapproche d'une vie plus authentique et plus résiliente.

Chapitre 5 : L'art de l'autodiscipline

Le pouvoir de l'autodiscipline : une invitation stoïcienne

Bienvenue, cher lecteur, dans un chapitre consacré à l'un des aspects les plus stimulants et transformateurs de la croissance personnelle : l'art de l'autodiscipline. L'autodiscipline est la pierre angulaire d'une vie épanouissante et pleine de sens. Cela nous permet de maîtriser nos impulsions, d'aligner nos actions sur nos valeurs et d'atteindre nos objectifs à long terme. Pour ceux qui luttent contre des tendances narcissiques, développer l'autodiscipline peut être particulièrement difficile mais profondément libérateur. En tant que stoïcien, je vous invite à entreprendre ce voyage avec détermination et ouverture, car il vous mènera à une vie de plus grande conscience de soi, de croissance personnelle et d'amélioration des relations.

Narcissisme et impulsivité

Le narcissisme implique souvent une concentration accrue sur la gratification immédiate et la validation externe, conduisant à des comportements impulsifs. Cette impulsivité peut se manifester de diverses manières, par exemple en recherchant une attention constante, en réagissant de manière défensive aux critiques ou en se livrant à des habitudes malsaines. Ces comportements, bien qu'ils procurent une satisfaction temporaire, nuisent en fin de compte au bien-être et à la croissance personnelle à long terme.

Développer l'autodiscipline est essentiel pour se libérer de ces schémas impulsifs. Cela implique de cultiver la capacité de retarder la gratification, de prendre des décisions réfléchies et de rester engagé envers ses objectifs. Le stoïcisme propose des méthodes et des pratiques puissantes pour développer la maîtrise de soi, permettant de passer d'un comportement réactif et impulsif à une vie proactive et intentionnelle.

Méthodes stoïciennes pour développer la maîtrise de soi

Les stoïciens croyaient que l'autodiscipline est une compétence qui peut être cultivée par une pratique délibérée et l'application de principes philosophiques. Voici quelques méthodes stoïciennes clés pour vous aider à développer la maîtrise de soi :

1. **La dichotomie du contrôle**
    - **Exercice**: Réfléchissez quotidiennement à la dichotomie du contrôle, en faisant la distinction entre ce que vous pouvez contrôler (vos pensées, actions et réponses) et ce que vous ne pouvez pas contrôler (événements externes, opinions des autres et résultats). Concentrez votre énergie sur le contrôle de vos réponses internes plutôt que sur les circonstances externes.
    - **Avantage**: Cette pratique vous aide à développer un sentiment d'autonomisation et de sérénité, à

mesure que vous apprenez à abandonner ce qui échappe à votre contrôle et à vous concentrer sur ce que vous pouvez influencer. Il favorise la maîtrise de soi en réduisant la réactivité aux stimuli externes.

2. **Préméditation des maux**
   - **Exercice**: Pratiquer régulièrement préméditation malorum en imaginant les défis ou tentations potentiels auxquels vous pourriez être confronté. Réfléchissez à la façon dont vous réagiriez avec autodiscipline et résilience.
   - **Avantage**: La Préméditation malorum vous prépare mentalement aux tentations et aux difficultés, réduisant ainsi le risque de réactions impulsives. Cela améliore votre capacité à rester discipliné face aux défis.

3. **Inconfort volontaire**

   - **Exercice**: Exposez-vous intentionnellement à des inconforts mineurs, comme jeûner, prendre des douches froides ou s'abstenir de produits de luxe. Ces pratiques vous aident à développer votre résilience mentale et physique.

   - **Avantage**: L'inconfort volontaire renforce votre capacité à endurer les difficultés et favorise une appréciation plus profonde de vos bénédictions. Cela réduit également votre dépendance au confort extérieur et renforce le courage intérieur.

4. **Réflexion stoïcienne**

   - **Exercice**: À la fin de chaque journée, engagez-vous dans une réflexion stoïcienne en passant en revue vos actions et vos réponses. Demandez-vous : comment ai-je géré les tentations aujourd'hui ? Ai-je agi conformément à mes valeurs ? Que puis-je améliorer demain ?

- ○ **Avantage**: Cette pratique favorise l'amélioration continue et la conscience de soi. Cela vous aide à apprendre de vos expériences et renforce votre engagement envers l'autodiscipline.

5. **Pleine conscience et méditation**

- ○ **Exercice**: Intégrez la pleine conscience et la méditation à votre routine quotidienne. Passez quelques minutes chaque jour à vous concentrer sur votre respiration et à observer vos pensées sans jugement. Cette pratique améliore votre capacité à rester présent et à maintenir la maîtrise de soi.

- ○ **Avantage**: La pleine conscience et la méditation vous aident à développer une plus grande conscience de vos pensées et de vos impulsions. Ils favorisent un sentiment de calme et de concentration, réduisant l'impulsivité et améliorant l'autodiscipline.

Conseils pratiques pour la discipline quotidienne

En complément des méthodes stoïciennes, voici quelques conseils pratiques pour vous aider à cultiver l'autodiscipline dans votre quotidien :

1. **Fixez-vous des objectifs clairs**
   - **Conseil**: Définissez des objectifs clairs et précis. Décomposer-les en étapes gérables et créez un plan pour les atteindre. Avoir une vision claire de ce que vous voulez accomplir vous aide à rester concentré et motivé.
   - **Avantage**: Fixer des objectifs clairs fournit une direction et un but, ce qui permet de résister plus facilement aux distractions et de rester engagé sur votre chemin.

2. **Créer une routine**
   - **Conseil**: Établissez une routine quotidienne qui comprend du temps pour le travail, l'exercice, la relaxation et la croissance personnelle. La cohérence dans votre routine aide à développer des habitudes et à renforcer l'autodiscipline.
   - **Avantage**: Une routine structurée réduit la fatigue décisionnelle et crée un sentiment de stabilité. Il vous aide à rester concentré et productif tout au long de la journée.
3. **Pratiquez la gratification différée**
   - **Conseil**: Développez l'habitude de retarder la gratification en vous fixant de petits défis. Par exemple, attendez 10 minutes supplémentaires avant de vous offrir une collation ou récompensez-vous avec une pause seulement après avoir terminé une tâche.

○ **Avantage**: Pratiquer la gratification différée renforce votre capacité à résister aux tentations immédiates et à rester concentré sur les objectifs à long terme.

4. **Surveillez vos progrès**

    ○ **Conseil**: Gardez une trace de vos progrès vers vos objectifs. Utilisez un journal ou une application pour enregistrer vos réalisations et réfléchir à vos défis. Examinez régulièrement vos progrès et ajustez votre plan si nécessaire.

    ○ **Avantage**: Suivre vos progrès procure un sentiment d'accomplissement et vous aide à rester responsable. Cela vous permet également d'identifier les domaines à améliorer et de célébrer vos réussites.

5. **Rechercher la responsabilité**

    ○ **Conseil**: Partagez vos objectifs et vos progrès avec un ami de confiance, un membre de votre famille ou un mentor. Avoir quelqu'un pour vous tenir responsable peut vous apporter une motivation et un soutien supplémentaires.

- o **Avantage**: La responsabilité renforce votre engagement envers l'autodiscipline. Il fournit un encouragement externe et vous aide à rester sur la bonne voie.

6. **Pratiquez l'auto-compassion**
   - o **Conseil**: Soyez gentil avec vous-même lorsque vous rencontrez des revers ou des défis. Reconnaissez que l'autodiscipline est un voyage et qu'il est normal de rencontrer des difficultés en cours de route. Traitez-vous avec la même compassion et la même compréhension que vous offririez à un ami.
   - o **Avantage**: pratiquer l'auto-compassion favorise la résilience et la persévérance. Cela

vous aide à apprendre de vos expériences sans être trop critique ou dur envers vous-même.

Embrasser le voyage de l'autodiscipline

Alors que nous concluons ce chapitre, rappelez-vous que l'autodiscipline est un voyage continu. Cela nécessite une pratique constante, de la patience et une volonté de relever vos défis avec détermination et grâce. En adoptant les principes stoïciens et les conseils pratiques, vous pouvez cultiver un sens profond et inébranlable d'autodiscipline qui vous permet de relever les défis de la vie et d'atteindre vos objectifs.

Embrassez ce voyage avec dévouement et un cœur ouvert. Laissez la sagesse des stoïciens vous guider vers une plus grande conscience de soi, une croissance personnelle et un épanouissement. Tout en poursuivant sur cette voie, inspirez-vous des pratiques et des conseils partagés dans ce chapitre, sachant que chaque pas que vous faites vous rapproche d'une vie de plus grande discipline et résilience.

Chapitre 6 : Objectif et signification au-delà de soi

Les limites des objectifs narcissiques

Alors que nous parcourons le chemin de l'auto-absorption à la conscience de soi, nous devons faire face à une vérité fondamentale : la poursuite d'objectifs narcissiques est finalement insatisfaisante. Les objectifs narcissiques tournent souvent autour de la validation externe, du pouvoir, du prestige et de l'admiration. Même si ces objectifs peuvent offrir une satisfaction temporaire, ils sont intrinsèquement instables, laissant subsister un sentiment persistant de vide et d'insatisfaction.

Les objectifs narcissiques sont limités par leur nature. Ils dépendent des perceptions et des réactions des autres, rendant votre sentiment de valeur et de réussite vulnérable aux fluctuations externes. Cette dépendance favorise une estime de soi fragile, facilement brisée par la critique ou l'indifférence. De plus, de tels objectifs sont insatiables ; plus vous accomplissez, plus vous avez envie, créant un cycle sans fin de désir et de désillusion.

Considérez la perspective stoïcienne : qu'est-ce qui est réellement sous votre contrôle ? Le stoïcisme nous apprend à faire la différence entre ce qui dépend de nous et ce qui ne dépend pas de nous. Les distinctions extérieures, la richesse et le statut ne sont pas sous notre contrôle absolu. Ils sont soumis aux caprices de la fortune, et faire dépendre notre bonheur d'eux équivaut à construire une maison sur des sables mouvants. Au lieu de cela, le stoïcisme nous invite à rechercher un but et un sens à l'intérieur, là où résident la véritable stabilité et l'épanouissement.

Trouver un but grâce à la philosophie stoïcienne

Contrairement à la nature éphémère des objectifs narcissiques, la philosophie stoïcienne offre un but profond et durable. Les stoïciens, d'Épictète à Sénèque en passant par Marc Aurèle, enseignent que notre but ultime est de vivre en accord avec la nature et de cultiver les vertus. Ces vertus – la sagesse, le courage, la justice et la tempérance – sont les pierres angulaires d'une vie pleine de sens.

Pour trouver un but grâce au stoïcisme, commencez par un examen de conscience. Réfléchissez à vos valeurs, à vos forces et aux façons dont vous pouvez contribuer au bien commun. Ce processus requiert de l'honnêteté et de l'humilité, vertus encouragées par le stoïcisme. Reconnaissez que le véritable épanouissement ne découle pas de ce que vous acquérez, mais de qui vous devenez et de la manière dont vous impactez le monde qui vous entoure.

La sagesse nous guide pour comprendre le monde et la place que nous y occupons. Cela implique de discerner ce qui a vraiment de la valeur et ce qui est simplement superficiel. En cultivant la sagesse, vous développez un sens plus profond du but qui transcende le gain personnel.

Le courage vous permet de faire face aux défis et à l'adversité avec résilience. C'est la force de poursuivre votre objectif malgré les obstacles et de rester fidèle à vos principes.

La justice vous demande d'agir avec équité et intégrité, et de considérer le bien-être des autres comme faisant partie intégrante du vôtre. Il transforme vos interactions et vos relations, favorisant un sentiment d'interconnexion et de respect mutuel.

La tempérance enseigne la modération et la maîtrise de soi, vous aidant à équilibrer les désirs et les actions. Cela vous permet de poursuivre votre objectif sans vous laisser influencer par les excès ou l'impulsivité.

Créer une vie pleine de sens et de contribution

Après avoir adopté les vertus stoïciennes, la prochaine étape consiste à créer une vie qui incarne ces principes. Une vie pleine de sens est une vie de contribution, où vos actions résonnent au-delà des intérêts personnels et ont un impact positif sur les autres. Voici des étapes pratiques pour vous guider dans ce voyage :

1. **Identifiez vos valeurs et vos passions**
   - Réfléchissez profondément à ce qui compte le plus pour vous. Quels sont les principes qui vous sont chers ? Quelles activités enflamment votre passion et vous apportent de la joie ? Alignez vos activités sur ces valeurs pour vous assurer qu'elles sont véritablement épanouissantes.
2. **Fixez-vous des objectifs axés sur la vertu**
   - Déplacez votre attention des réalisations externes vers des objectifs axés sur la vertu. Essayez d'incarner la sagesse, le courage, la justice et la tempérance dans vos actions quotidiennes. Par exemple,

plutôt que de rechercher l'admiration, efforcez-vous d'être une source de sagesse et de soutien pour les autres.

3. **S'engager dans des activités significatives**
   - Investissez votre temps et votre énergie dans des activités qui contribuent au bien-être des autres et de la communauté. Faites du bénévolat, encadrez, créez et engagez-vous dans des actes de gentillesse. Ces efforts favorisent un sentiment de connexion et de but.

4. **Cultiver l'empathie et la compassion**
   - Pratiquez l'empathie en comprenant et en appréciant les points de vue et les expériences des autres. Des actions compatissantes, fondées sur la justice et la gentillesse, améliorent vos relations et contribuent à un monde plus harmonieux.

5. **Réfléchir et s'adapter**
    - Réfléchissez régulièrement à votre voyage. Évaluez vos actions et leur alignement avec vos valeurs et votre objectif. Soyez prêt à vous adapter et à grandir, en apprenant de vos expériences et en vous efforçant continuellement de vous améliorer.

En suivant ces étapes, vous passez d'une vie centrée sur l'autosatisfaction à une vie riche de but et de sens. Vous commencez à comprendre que vos plus grandes réalisations ne résident pas dans ce que vous gagnez, mais dans ce que vous donnez et dans la manière dont vous grandissez.

Le voyage du narcissisme au stoïcisme est transformateur. En reconnaissant les limites des objectifs narcissiques et en adoptant les enseignements profonds de la philosophie stoïcienne, vous découvrez un chemin vers un véritable épanouissement. Le but et le sens naissent de l'intérieur, de la culture des vertus et du dévouement à contribuer positivement au monde.

N'oubliez pas que la quête d'une vie pleine de sens est un processus continu. Chaque jour est l'occasion d'incarner les principes stoïciens, d'agir avec sagesse, courage, justice et tempérance. Au fur et à mesure de votre progression, vous découvrirez qu'une vie pleine de sens enrichit non seulement votre existence, mais crée également un impact positif et durable sur ceux qui vous entourent.

Partie 3 : Des relations améliorées

Chapitre 7 : Empathie et compassion : vertus stoïciennes

La lutte du narcissique avec l'empathie

Alors que nous entamons ce chapitre, reconnaissons les défis intrinsèques auxquels sont confrontés les personnes ayant des tendances narcissiques pour cultiver l'empathie. Le narcissisme se manifeste souvent par une profonde préoccupation envers soi-même, une concentration intense sur ses propres besoins, désirs et image de soi. Cette introspection peut créer un obstacle à la compréhension et à la relation avec les expériences et les émotions des autres.

Les narcissiques ont souvent du mal à faire preuve d'empathie parce que leur vision du monde est dominée par un besoin d'admiration et de validation. Cela peut conduire à un manque d'intérêt véritable pour les sentiments et les points de vue des autres. Lorsque l'empathie fait surface, elle est souvent éclipsée par des motivations égoïstes ou par la superficialité, ce qui la rend inefficace pour favoriser des liens significatifs. Ce manque d'empathie authentique peut entraîner des relations tendues, dans la mesure où les autres peuvent se sentir sous-évalués, incompris ou même manipulés.

Cependant, la capacité d'empathie n'est pas hors de portée. La philosophie stoïcienne offre des idées et des pratiques profondes pour nourrir et développer une véritable empathie et compassion, vous permettant de transcender les schémas égocentriques et de forger des relations plus profondes et plus épanouissantes.

Comment le stoïcisme enseigne la compassion

Le stoïcisme, qui met l'accent sur la vertu et la sagesse, fournit un cadre puissant pour cultiver l'empathie et la compassion. Les stoïciens enseignaient que nous faisions tous partie d'une communauté humaine plus vaste, interconnectée et interdépendante. En reconnaissant cette vérité fondamentale, nous pouvons passer d'une perspective égocentrique à une vision du monde plus inclusive et compatissante.

1. Reconnaître l'humanité commune

- Marc Aurèle, philosophe stoïcien et empereur romain, a souvent réfléchi à l'idée que tous les humains partagent une nature commune. Cette reconnaissance aide à dissoudre les barrières entre soi et les autres, favorisant ainsi un sentiment de parenté et de compréhension. Lorsque vous voyez les autres comme des compagnons de voyage dans le même voyage, il devient plus facile de sympathiser avec leurs luttes et leurs joies.

2. Pratiquer la prise de perspective

- Le stoïcisme nous encourage à voir le monde sous plusieurs points de vue. Epictète a conseillé de considérer le point de vue des autres pour acquérir une compréhension plus large de toute situation. Cette pratique aide à briser les murs du narcissisme, vous permettant d'apprécier plus pleinement les expériences et les émotions des autres.

3. Faire de la compassion une vertu

- La compassion est une vertu stoïcienne fondamentale, étroitement liée à la justice et à la sagesse. Cela implique de reconnaître la souffrance des autres et de ressentir un véritable désir de la soulager. En cultivant la compassion, vous améliorez non seulement vos relations, mais vous grandissez également en vertu et en sagesse.

4. Pleine conscience et réflexion personnelle

- La pratique stoïcienne de la pleine conscience et de l'introspection vous aide à prendre conscience de vos pensées et de vos actions. En examinant régulièrement vos motivations et votre comportement, vous pouvez identifier et corriger les schémas qui entravent l'empathie. Cette conscience de soi continue est cruciale pour développer une vision compatissante.

Exercices pour cultiver une véritable empathie

Développer l'empathie et la compassion nécessite une pratique constante et des efforts intentionnels. Voici plusieurs exercices, ancrés dans la philosophie stoïcienne, pour vous aider à cultiver ces vertus :

1. Réflexion quotidienne sur l'humanité commune

- Commencez chaque journée par un moment de réflexion sur

l'interdépendance de tous. Rappelez-vous que toutes les personnes que vous rencontrez sont confrontées à leurs propres défis et joies, tout comme vous. Cette pratique vous aide à passer de vos préoccupations égocentriques à une perspective plus empathique.

2. Journalisation prenant en compte la perspective

- Passez quelques minutes chaque jour à écrire sur une interaction récente du point de vue de l'autre personne. Tenez compte de leurs pensées, de leurs sentiments et de leurs motivations. Cet exercice approfondit votre compréhension des expériences des autres et renforce votre capacité à faire preuve d'empathie.

3. Écoute attentive

- Pratiquez une écoute attentive dans vos conversations. Accordez toute votre attention à l'orateur, sans l'interrompre ni planifier votre réponse. Concentrez-vous sur la compréhension de leurs émotions et de leurs points de vue. Cette pratique améliore non seulement votre empathie, mais améliore également vos relations en permettant aux autres de se sentir entendus et valorisés.

4. Action compatissante

- Effectuez au moins un acte de gentillesse ou de compassion chaque jour. Cela peut être aussi simple que d'offrir un mot d'encouragement, d'aider quelqu'un dans une tâche ou de faire preuve de patience et de compréhension. Ces actions, ancrées dans la vertu stoïcienne, aident à développer une habitude de compassion.

5. Méditation réflexive

- Terminez chaque journée par une période de méditation réflexive. Réfléchissez aux interactions que vous avez eues et à la manière dont vous avez fait preuve ou auriez pu faire preuve d'empathie et de compassion. Réfléchissez à ce que vous avez appris et à la façon dont vous pouvez vous améliorer. Cette pratique renforce votre engagement à cultiver ces vertus.

6. S'engager avec des textes stoïciens

- Lisez et réfléchissez aux textes stoïciens qui mettent l'accent sur l'empathie et la compassion. Des passages des Méditations de Marc Aurèle ou des lettres de Sénèque contiennent souvent des idées profondes sur les liens humains et la vertu. Laissez ces enseignements vous inspirer et guider vos efforts.

Cultiver l'empathie et la compassion est un voyage transformateur, en particulier pour ceux qui surmontent leurs tendances narcissiques. Grâce aux enseignements et aux pratiques du stoïcisme, vous pouvez apprendre à transcender les schémas égocentriques et à développer une connexion plus profonde et plus authentique avec les autres.

N'oubliez pas que l'empathie et la compassion ne sont pas des traits innés mais des vertus qui peuvent être développées avec intention et pratique. En reconnaissant notre humanité commune, en pratiquant la prise de perspective, en faisant preuve de compassion et en vous engageant dans des exercices de pleine conscience et de réflexion, vous pouvez nourrir ces qualités essentielles.

À mesure que vous grandissez en empathie et en compassion, vous constaterez que vos relations deviennent plus épanouissantes et authentiques. D'autres répondront à votre véritable préoccupation et à votre compréhension, favorisant le respect mutuel et la connexion. De plus, vous ressentirez un profond sentiment de paix intérieure et de satisfaction, sachant que vous contribuez positivement au bien-être de votre entourage.

Chapitre 8 : Communication efficace et résolution des conflits

Pièges de communication courants pour les narcissiques

Dans notre quête de conscience de soi et d'amélioration des relations, il est essentiel d'aborder les pièges de communication courants que rencontrent souvent les personnes ayant des tendances narcissiques. La communication est l'élément vital des relations ; c'est par nos paroles et nos actions que nous nous connectons avec les autres, partageons nos pensées et comprenons leurs points de vue. Cependant, pour les personnes ayant des traits narcissiques, la communication peut être semée d'embûches.

Les narcissiques ont souvent du mal à communiquer pour plusieurs raisons :

1. **Dominance dans les conversations**: Les narcissiques cherchent souvent à dominer les conversations, en orientant l'attention vers eux-mêmes et leurs réalisations. Cela

peut donner aux autres le sentiment d'être ignorés et sous-estimés.

2. **Manque d'écoute authentique**: Plutôt que d'écouter véritablement, les narcissiques peuvent être préoccupés par la planification de leur prochaine réponse ou par la réflexion sur l'impact de la conversation sur eux. Il en résulte des interactions superficielles sans véritable compréhension.

3. **Esprit défensif et sensibilité à la critique**: Les narcissiques ont tendance à réagir de manière défensive aux critiques perçues, ce qui rend difficile les conversations constructives. Cette attitude défensive peut aggraver les conflits et entraver leur résolution.

4. **Communication manipulatrice**: Il peut y avoir une tendance à utiliser la communication comme un outil de manipulation ou à des fins égoïstes, sapant ainsi la confiance et l'authenticité dans les relations.

5. **Impatience et interruptions**: Les narcissiques peuvent faire preuve d'impatience et interrompre fréquemment les autres, signalant un manque de respect pour leurs pensées et leurs contributions.

Pour remédier à ces pièges, il faut changer de perspective, en adoptant les principes stoïciens pour favoriser une communication claire, respectueuse et efficace.

Stratégies stoïciennes pour une communication claire et respectueuse

Le stoïcisme offre une sagesse intemporelle sur la façon de communiquer avec clarté et respect. Les vertus stoïciennes de sagesse, de tempérance, de justice et de courage peuvent nous guider pour améliorer nos interactions avec les autres, favorisant des liens plus profonds et réduisant les conflits.

1. Pratiquez l'écoute active

- **Présence consciente**: Soyez pleinement présent dans les conversations, en accordant toute votre attention à l'orateur. Cela démontre du respect et un véritable intérêt.

- **Évitez les interruptions**: Laissez les autres parler sans interruption. Écoutez pour comprendre, pas seulement pour répondre. Cela favorise un échange d'idées plus significatif.

2. Cultivez l'humilité

- **Embrassez l'humilité**: Reconnaissez que vous n'avez pas toutes les réponses et que d'autres ont des idées précieuses à offrir. Abordez les conversations avec un esprit ouvert et une volonté d'apprendre.
- **Reconnaître les erreurs**: Admettez quand vous avez tort. Cela montre non seulement de l'humilité, mais renforce également la confiance et le respect.

3. Communiquez avec clarté et honnêteté

- **Parlez clairement**: Articulez vos pensées de manière claire et succincte. Évitez le jargon ou le langage trop complexe qui pourrait obscurcir votre message.

- **Être honnête**: Soyez honnête dans votre communication. Dites votre vérité, mais faites-le avec gentillesse et en tenant compte des sentiments des autres.

4. Exercer une régulation émotionnelle

- **Reste calme**: Dans des situations chargées d'émotion, prenez un moment pour respirer et vous calmer avant de répondre. Cela permet d'éviter une communication réactive et défensive.

- **Répondez, ne réagissez pas**: Concentrez-vous sur une réponse réfléchie plutôt que sur une réaction impulsive. Considérez l'impact de vos mots avant de parler.

5. Faites preuve d'empathie et de compassion

- **Valider les sentiments**: Reconnaître et valider les sentiments et les perspectives des autres. Cela crée un espace sûr pour un dialogue ouvert et honnête.
- **Exprimer de la gratitude**: Montrez votre appréciation pour les contributions et les efforts des autres dans la conversation. Cela favorise une atmosphère positive et collaborative.

Techniques pour gérer stoïquement les conflits

Le conflit est une partie inévitable de toute relation. Cependant, gérer avec sagesse et grâce, le conflit peut conduire à une croissance et à une compréhension plus profonde. Le stoïcisme fournit des techniques pratiques pour résoudre efficacement les conflits et maintenir l'harmonie dans les relations.

1. Rechercher un terrain d'entente

- **Concentrez-vous sur les objectifs partagés**: Identifier les objectifs et intérêts communs qui peuvent servir de base à la résolution des conflits. Cela permet de déplacer l'attention de la division vers la collaboration.
- **Construisez des ponts, pas des murs**: Efforcez-vous d'établir des liens et de trouver une compréhension mutuelle, plutôt que de créer des divisions.

2. Faites preuve de patience et de compréhension

- **Donnez de l'espace et du temps**: Laissez le temps aux émotions de s'installer avant d'aborder le conflit. La patience peut empêcher une escalade et faciliter des discussions plus rationnelles.
- **Comprendre les problèmes sous-jacents**: Regardez au-delà de la surface du conflit pour comprendre les problèmes plus profonds en jeu. Cela peut conduire à des résolutions plus efficaces et plus durables.

3. Maintenir son sang-froid et son respect

- **Restez calme**: Même face à la provocation, efforcez-vous de garder votre sang-froid. Répondre avec calme et respect désamorce les tensions et donne un ton positif.
- **Évitez les attaques personnelles**: concentrez-vous sur le problème en question, pas sur la personne. Les attaques personnelles aggravent les conflits et nuisent aux relations.

4. Utilisez un langage constructif

- **Parlez avec respect**: Choisissez vos mots avec soin pour éviter un langage incendiaire. Un langage constructif favorise la compréhension et la résolution.
- **Déclarations I**: Utilisez les déclarations « je » pour exprimer vos sentiments et vos points de vue sans blâmer les autres. Par

exemple, dites « Je me sens concerné quand » au lieu de « Tu as toujours »

5. Adoptez le pardon et la réconciliation

- **Pardonner et avancer**: Pratiquez le pardon et abandonnez les rancunes. Le ressentiment ne fait que prolonger le conflit et entraver la croissance personnelle.
- **Rechercher la réconciliation**: Viser la réconciliation et la restauration de la relation. Cela favorise un sentiment de clôture et de respect mutuel.

Une communication efficace et la résolution des conflits sont des compétences essentielles pour entretenir des relations saines et la croissance personnelle. Pour ceux qui ont des tendances narcissiques, maîtriser ces compétences nécessite un effort intentionnel et l'orientation des principes stoïciens.

En reconnaissant et en résolvant les pièges courants de la communication, vous pouvez transformer vos interactions avec les autres. Adoptez les stratégies stoïciennes pour une communication claire et respectueuse, et appliquez les techniques pour gérer stoïquement les conflits. N'oubliez pas que chaque conversation est l'occasion de mettre en pratique ces vertus et d'améliorer vos relations.

En cultivant ces compétences, vous constaterez que vos relations deviennent plus significatives et épanouissantes. Les autres répondront à vos véritables efforts pour écouter, comprendre et communiquer avec empathie et respect. Cela conduira à son tour à des liens plus profonds et à un monde plus harmonieux et plus compatissant.

Chapitre 9 : Établir et entretenir des relations saines

L'impact du narcissisme sur les relations

Au fil de notre vie, la qualité de nos relations a un impact profond sur notre bien-être et notre bonheur. Pour les personnes ayant des tendances narcissiques, entretenir des relations saines peut être particulièrement difficile. Le narcissisme déforme souvent les interactions, ce qui rend difficile la création et le maintien de liens significatifs.

1. **Comportement égocentrique :** Les narcissiques donnent souvent la priorité à leurs propres besoins et désirs par rapport à ceux des autres. Cette approche égocentrique peut amener les partenaires, les amis et les membres de la famille à se sentir négligés et sous-estimés.

2. **Manque d'empathie:** L'empathie est la pierre angulaire de la compréhension et de la connexion. Les narcissiques peuvent avoir du mal à apprécier véritablement les

sentiments et les points de vue des autres, ce qui entraîne des malentendus et des conflits.

3. **Tendances manipulatrices :** Pour conserver leur image de soi et leur contrôle, les narcissiques peuvent recourir à la manipulation. Cela mine la confiance, créant un environnement relationnel volatile et instable.

4. **Difficulté avec l'intimité :** La véritable intimité nécessite vulnérabilité et confiance mutuelle. Les narcissiques ont souvent du mal à s'ouvrir et à être vulnérables, ce qui empêche des relations plus profondes et plus significatives.

5. **Attentes élevées et critiques :** Les narcissiques fixent souvent des attentes irréalistes concernant leurs relations et peuvent être trop critiques lorsque ces attentes ne sont pas satisfaites. Cela crée un cycle de déception et de ressentiment.

Reconnaître ces impacts est la première étape vers la transformation. La sagesse du stoïcisme offre des idées et des pratiques précieuses pour surmonter ces défis et construire des relations saines et durables.

Appliquer les principes stoïciens pour renforcer les liens

Le stoïcisme, qui met l'accent sur la vertu, la sagesse et la rationalité, fournit un cadre puissant pour améliorer les relations. En adoptant les principes stoïciens, vous pouvez cultiver des qualités qui améliorent vos relations avec les autres et favorisent une vie relationnelle plus harmonieuse et épanouissante.

1. **Pratiquez la conscience de soi :** La conscience de soi est le fondement de la croissance personnelle et de l'amélioration des relations. Réfléchissez régulièrement à vos pensées, émotions et comportements. Reconnaissez les tendances narcissiques et leur impact sur les autres. En vous comprenant mieux, vous pouvez faire des efforts conscients pour changer et grandir.

2. **Cultivez l'empathie et la compassion :**
   Faites un effort délibéré pour comprendre
   et apprécier les sentiments et les points de
   vue des autres. Utilisez la pratique
   stoïcienne de la prise de perspective pour
   voir le monde à travers leurs yeux. Faites
   preuve d'une préoccupation et d'une
   gentillesse sincères et laissez vos actions
   refléter un cœur compatissant.

3. **Adoptez l'humilité :** La vraie force réside
   dans l'humilité. Reconnaissez vos limites
   et la valeur des contributions des autres.
   Évitez le piège de la supériorité et
   apprenez à célébrer les réussites et les
   forces de ceux qui vous entourent.

4. **Concentrez-vous sur la vertu :** Centrez
   vos relations autour des vertus stoïciennes
   de sagesse, de justice, de courage et de
   tempérance. Efforcez-vous d'être juste,
   juste et honorable dans vos interactions.
   Agissez avec intégrité, même lorsque cela
   s'avère difficile.

5. **Pratiquez la communication
   consciente :** Une communication efficace

est la clé de relations saines. Écoutez activement et parlez avec clarté et respect. Évitez d'interrompre ou de dominer les conversations. Cherchez à comprendre avant d'être compris.

6. **Développer la patience et la tolérance :** Les relations nécessitent de la patience et de la tolérance. Acceptez que les conflits et les malentendus soient naturels. Abordez ces situations avec un état d'esprit calme et rationnel, en recherchant la résolution plutôt que la victoire.

7. **Favoriser le respect mutuel :** Le respect est le fondement de toute relation saine. Traitez les autres avec la dignité et le respect qu'ils méritent. Valorisez leurs opinions, même si elles diffèrent des vôtres.

Études de cas : exemples de réussite de relations améliorées

Pour illustrer le pouvoir transformateur de l'application des principes stoïciens, explorons quelques études de cas d'individus qui ont réussi à améliorer leurs relations en adoptant le stoïcisme.

Étude de cas 1 : Le parcours d'Emma, de l'égocentrisme à la compassion

Emma était aux prises avec des tendances narcissiques, donnant souvent la priorité à sa carrière et à ses réalisations personnelles plutôt qu'à ses relations. Ses amitiés étaient superficielles et ses relations amoureuses marquées par les conflits et l'insatisfaction.

En découvrant le stoïcisme, Emma a commencé à pratiquer la conscience de soi et l'humilité. Elle a réfléchi à son comportement et à son impact sur les autres, réalisant la nécessité d'un changement. En cultivant activement l'empathie et la compassion, elle a commencé à apprécier les sentiments et les perspectives de ses amis et partenaires.

La transformation d'Emma était remarquable. Ses amitiés se sont approfondies à mesure qu'elle est devenue plus attentive et plus solidaire. Dans sa relation amoureuse, elle a appris à communiquer efficacement et à résoudre les conflits avec patience et compréhension. En centrant ses actions sur les vertus stoïciennes, Emma a reconstruit la confiance et le respect, conduisant à des relations plus saines et plus épanouissantes.

Étude de cas 2 : Le chemin de John vers la patience et la compréhension

John était connu pour son impatience et son caractère critique, traits qui mettaient à rude épreuve ses relations avec sa famille. Ses attentes perfectionnistes conduisent souvent à des conflits et à du ressentiment.

Grâce aux pratiques stoïciennes, John a appris la valeur de la patience et de la tolérance. Il commençait chaque journée par des exercices de pleine conscience, en se concentrant sur le fait de rester calme et posé. Il a pratiqué la prise de perspective, essayant de comprendre les points de vue et les défis de sa famille.

À mesure que John appliquait ces principes stoïciens, ses relations avec sa famille se sont considérablement améliorées. Il est devenu plus patient et moins critique, favorisant ainsi un environnement plus solidaire et plus aimant. Sa famille a répondu positivement à ses efforts et leurs liens se sont renforcés.

Étude de cas 3 : La transformation de Sarah par la vertu et l'intégrité

Les comportements narcissiques de Sarah ont rendu ses relations au travail difficiles. Elle recherchait souvent la reconnaissance et la validation, ce qui entraînait une dynamique de compétition et de méfiance avec ses collègues.

Inspirée par la philosophie stoïcienne, Sarah a décidé de se concentrer sur la vertu et l'intégrité.

Elle s'est engagée à agir avec équité et justice, en valorisant les contributions de ses collègues et en reconnaissant leurs forces. Elle a pratiqué une communication claire et respectueuse, évitant les tactiques manipulatrices.

L'impact a été profond. Les relations de travail de Sarah se sont transformées à mesure qu'elle est devenue un membre de confiance et respecté de l'équipe. Ses collègues ont apprécié son équité et son honnêteté, ce qui a conduit à un environnement de travail plus collaboratif et positif.

Construire et entretenir des relations saines est un aspect essentiel de la croissance personnelle et du bien-être. Pour ceux qui ont des tendances narcissiques, ce voyage nécessite un effort intentionnel et l'orientation des principes stoïciens.

En reconnaissant l'impact du narcissisme sur les relations et en appliquant les vertus stoïciennes telles que la conscience de soi, l'empathie, l'humilité et la patience, vous pouvez transformer vos interactions et favoriser des relations plus profondes et plus significatives. Les études de cas d'Emma, John et Sarah illustrent qu'il est possible de surmonter les tendances narcissiques et de construire des relations plus saines.

Partie 4 : Intégration et maîtrise

Chapitre 10 : Créer une pratique stoïcienne quotidienne

Concevoir une routine personnalisée

Le voyage du narcissisme à une vie de conscience de soi, de croissance personnelle et d'amélioration des relations est en cours. L'intégration des principes stoïciens dans votre vie quotidienne est cruciale pour pérenniser les progrès que vous avez réalisés. Créer une routine personnalisée permet d'intégrer profondément ces principes dans vos actions et pensées quotidiennes, garantissant qu'ils deviennent une seconde nature.

1. Préparation du matin : donner le ton de la journée

- **Méditation du matin :** Commencez chaque journée par une période de réflexion tranquille. Passez 10 à 15 minutes à méditer sur les enseignements stoïciens ou simplement à vous concentrer sur votre respiration. Cette pratique calme l'esprit et vous prépare pour la journée à venir.

- **Définition des intentions quotidiennes :** Réfléchissez à ce qui vous attend et fixez des intentions alignées sur les vertus stoïciennes. Demandez-vous : « Comment puis-je pratiquer la sagesse, la justice, le courage et la tempérance aujourd'hui ? Cela vous aide à aborder la journée avec détermination et clarté.

- **Visualisez les défis :** Anticipez les défis potentiels auxquels vous pourriez être confronté et visualisez-vous en train de réagir avec un calme et une rationalité stoïciens. Cette répétition mentale vous prépare à gérer les obstacles avec grâce.

2. Enregistrement à midi : maintenir la pleine conscience

- **Pauses conscientes :** Prévoyez de courtes pauses tout au long de votre journée pour vous enregistrer. Profitez de ces moments pour évaluer votre état émotionnel et vous aligner sur vos intentions stoïciennes.

- **Pratique de gratitude :** Prenez quelques minutes pour réfléchir à ce pour quoi vous êtes reconnaissant. La gratitude déplace votre attention de ce qui vous manque vers ce que vous avez, favorisant le contentement et la perspective.

3. Réflexion du soir : révision et apprentissage

- **Méditation du soir :** Terminez votre journée par une autre période de méditation. Réfléchissez à vos actions, pensées et émotions tout au long de la journée. Cette pratique vous aide à mieux comprendre et à tirer des leçons de vos expériences.

- **Révision des vertus :** Évaluez dans quelle mesure vous avez incarné les vertus stoïciennes. Où as-tu réussi ? Où avez-vous échoué ? Cette évaluation honnête favorise une croissance et une amélioration continues.

Outils et ressources pour la pratique continue

L'intégration du stoïcisme dans votre vie est un processus continu qui bénéficie de l'utilisation de divers outils et ressources. Ceux-ci peuvent vous fournir des conseils, une inspiration et un soutien à mesure que vous approfondissez votre pratique.

1. Livres et textes

- **Classiques stoïciens :** Lisez et réfléchissez régulièrement sur des textes stoïciens classiques tels que celui de Marc Aurèle. *Méditations*, celui de Sénèque *Lettres d'un stoïcien*, et celui d'Épictète *Manuel*. Ces ouvrages offrent une sagesse intemporelle et des conseils pratiques.
- **Interprétations modernes :** Explorez les interprétations et applications contemporaines de la philosophie

stoïcienne. Des livres comme celui de Ryan Holiday *Le stoïcien quotidien* et *L'obstacle est le chemin* peuvent fournir des perspectives modernes et des exercices quotidiens.

2. Ressources numériques

- **Applications stoïciennes :** Utilisez des applications mobiles conçues pour prendre en charge la pratique stoïcienne. Des applications comme Stoic, Stoa et Stoic Méditations proposent des citations quotidiennes, des exercices et des outils de suivi pour vous aider à rester engagé.

- **Communautés en ligne :** Rejoignez les forums et communautés en ligne dédiés au stoïcisme. Des plateformes comme r/Stoïcisme de Reddit ou des groupes Facebook spécialisés peuvent offrir un sentiment de communauté, de soutien et d'apprentissage partagé.

3. Exercices et pratiques stoïciens

- **Visualisation négative :** Pratiquez régulièrement la visualisation négative en imaginant la perte de choses qui vous sont chères. Cet exercice favorise l'appréciation et la résilience, vous préparant à affronter les incertitudes de la vie avec sérénité.

- **Dichotomie du contrôle :** Rappelez-vous continuellement la dichotomie du contrôle. Concentrez vos efforts sur ce que vous pouvez contrôler – vos pensées, vos actions et vos attitudes – et abandonnez ce que vous ne pouvez pas contrôler.

Techniques de journalisation et de réflexion

La tenue d'un journal est un outil puissant pour cultiver la conscience de soi et intégrer les principes stoïciens dans votre vie quotidienne. Il vous permet de réfléchir à vos expériences, d'en tirer des leçons et de suivre vos progrès.

1. Pratique quotidienne de la journalisation

- **Pages du matin :** Commencez votre journée en écrivant librement pendant 10 à 15 minutes. Cette pratique, souvent appelée « pages du matin », aide à vider votre esprit et à donner le ton pour la journée. Réfléchissez à vos intentions et à toutes les pensées qui surgissent.

- **Réflexions du soir :** Terminez votre journée en écrivant dans un journal vos expériences. Réfléchissez à vos actions, pensées et émotions. Réfléchissez à la manière dont vous avez appliqué les principes stoïciens et aux domaines que vous pouvez améliorer.

2. Réflexion structurée

- **Questions stoïciennes :** Utilisez des questions spécifiques pour guider vos réflexions. Des questions telles que « Qu'ai-je bien fait aujourd'hui ? », « Où ai-je échoué ? » et « Comment puis-je m'améliorer demain ? » fournir une approche structurée à l'auto-évaluation.

- **Journal de gratitude :** Tenez un journal de gratitude dans lequel vous notez régulièrement les choses pour lesquelles vous êtes reconnaissant. Cette pratique déplace votre attention vers la positivité et le contentement.

3. Suivi des progrès

- **Suivi de la vertu :** Créez un système pour suivre votre adhésion aux vertus stoïciennes. Utilisez une simple liste de contrôle ou un journal détaillé pour enregistrer les cas où vous avez pratiqué la sagesse, la justice, le courage et la tempérance.
- **Établissement et examen des objectifs :** Fixez-vous des objectifs spécifiques et mesurables pour votre pratique stoïcienne. Examinez régulièrement vos progrès et ajustez vos objectifs si nécessaire. Cela vous permet de rester responsable et motivé.

Créer une pratique stoïcienne quotidienne est essentiel pour transformer votre vie et vos relations. En concevant une routine personnalisée, en utilisant des outils et des ressources et en vous engageant dans un journal et une réflexion, vous intégrez les principes stoïciens dans vos actions et pensées quotidiennes.

N'oubliez pas que le chemin vers la conscience de soi, la croissance personnelle et l'amélioration des relations est un voyage continu. Chaque jour est l'occasion de pratiquer et d'affiner vos vertus stoïciennes. Embrassez ce voyage avec dévouement et persévérance, sachant que chaque pas que vous faites vous rapproche de la vie de vertu et d'épanouissement que promet le stoïcisme.

Laissez la sagesse des stoïciens vous guider dans la création d'une pratique quotidienne qui soutient votre croissance. Avec des efforts constants et un engagement à vous améliorer, vous cultivez la résilience, la sagesse et la compassion nécessaires pour relever les défis de

la vie et construire des relations significatives et
durables.

Chapitre 11 : Surmonter les échecs et maintenir les progrès

Reconnaître et traiter les rechutes

Dans le cheminement vers la conscience de soi, la croissance personnelle et l'amélioration des relations, les revers sont inévitables. Pour ceux qui ont des tendances narcissiques, les rechutes dans les anciens schémas peuvent être particulièrement décourageantes. Cependant, le stoïcisme nous enseigne que les revers ne sont pas des échecs mais des opportunités de croissance et d'apprentissage.

1. Sensibilisation aux rechutes : La première étape pour lutter contre les rechutes consiste à les reconnaître. Faites attention aux comportements et aux pensées qui signalent un retour aux tendances narcissiques. Cela peut inclure une recherche excessive de validation, le mépris des sentiments des autres ou une réaction défensive aux critiques.

2. **Reconnaissance sans jugement :** Lorsque vous remarquez une rechute, reconnaissez-la sans vous juger. Comprenez que les revers font naturellement partie du processus de croissance. Au lieu de les considérer comme des échecs, considérez-les comme des opportunités de pratiquer la résilience et l'auto-compassion.

3. **Analyse réflexive :** Prenez le temps de réfléchir aux circonstances qui ont conduit à la rechute. Qu'est-ce qui a déclenché ce comportement ? Comment avez-vous répondu ? Qu'auriez-vous pu faire différemment ? Cette analyse aide à identifier des tendances et à développer des stratégies pour prévenir de futures rechutes.

4. **Engagement renouvelé :** Utilisez les revers pour rappeler votre engagement envers la croissance personnelle. Affirmez votre dévouement à la voie stoïcienne et aux vertus que vous vous efforcez d'incarner. Chaque revers offre une

chance de renforcer votre détermination et d'approfondir votre pratique.

Approches stoïciennes pour gérer l'échec

Le stoïcisme offre des idées profondes sur la façon de gérer les échecs et les revers avec grâce et sagesse. En appliquant ces principes, vous pouvez transformer les échecs en tremplins vers la croissance.

1. **Acceptation et résilience :** Adoptez le principe stoïcien d'Amor Fati, l'amour du destin. Acceptez que les revers et les échecs font partie du parcours de la vie. Au lieu d'y résister, considérez-les comme des opportunités de renforcer votre résilience et votre caractère.

2. **Concentrez-vous sur ce que vous pouvez contrôler :** Rappelez-vous la dichotomie du contrôle. Concentrez votre énergie sur ce que vous pouvez contrôler : vos pensées, vos actions et vos réponses. Lâchez prise sur ce qui échappe à votre contrôle. Ce changement de mentalité

réduit l'anxiété et vous permet de prendre des mesures constructives.

3. **Apprendre de l'échec :** Considérez les échecs comme des expériences d'apprentissage précieuses. Demandez-vous : « Que puis-je apprendre de cela ? » Analysez la situation pour obtenir des informations et appliquer ces leçons aux efforts futurs. Chaque échec est une chance de devenir plus sage et plus capable.

4. **Pratiquez l'auto-compassion :** Soyez gentil avec vous-même face à l'échec. Reconnaissez que tout le monde fait des erreurs et connaît des revers. Traitez-vous avec la même compassion et la même compréhension que vous offririez à un ami dans une situation similaire.

5. **Recadrer votre point de vue :** Utilisez les techniques de recadrage stoïcien pour changer votre point de vue sur l'échec. Au lieu de voir cela comme un résultat négatif, considérez-le comme une étape nécessaire vers le succès. Ce recadrage

positif favorise un état d'esprit de croissance et vous maintient motivé.

Stratégies à long terme pour une amélioration continue

Soutenir les progrès et parvenir à une croissance personnelle à long terme nécessite des efforts constants et une planification stratégique. L'intégration des principes stoïciens dans votre routine quotidienne peut vous aider à maintenir votre trajectoire vers la conscience de soi et l'amélioration des relations.

1. Pratique cohérente : Pratiquez régulièrement des exercices et des réflexions stoïciennes. La cohérence est la clé pour intégrer les principes stoïciens dans votre vie quotidienne. Prenez l'habitude de méditer, de tenir un journal et de réfléchir à vos actions et à vos pensées.

2. **Fixez-vous des objectifs réalistes :** Établissez des objectifs réalistes et réalisables pour votre croissance personnelle. Divisez ces objectifs en

étapes plus petites et gérables. Célébrez vos progrès tout au long du chemin, en reconnaissant que chaque étape vous rapproche de vos objectifs ultimes.

3. **Recherchez du soutien et de la responsabilité :** Entourez-vous d'une communauté solidaire. Échangez avec d'autres praticiens stoïciens, rejoignez des forums en ligne ou trouvez un mentor. Partager votre voyage avec d'autres apporte encouragement, responsabilisation et sagesse partagée.

4. **Adoptez l'apprentissage continu :** Engagez-vous à apprendre tout au long de la vie. Lisez des textes stoïciens, assistez à des ateliers et explorez de nouvelles idées. L'apprentissage continu garde votre esprit ouvert et adaptable, vous aidant à rester engagé et motivé.

5. **S'adapter et évoluer :** Soyez flexible et prêt à adapter vos stratégies si nécessaire. La vie est dynamique et ce qui fonctionne aujourd'hui ne fonctionnera peut-être pas demain. Réévaluez régulièrement vos

pratiques et apportez des ajustements pour rester en phase avec vos objectifs et vos valeurs.

6. **Réfléchir et renouveler :** Prenez périodiquement le temps de réfléchir à votre voyage. Évaluez vos progrès, célébrez vos réussites et reconnaissez les domaines à améliorer. Utilisez ces réflexions pour renouveler votre engagement et ajuster votre cap si nécessaire.

Surmonter les échecs et maintenir les progrès est un aspect essentiel du voyage stoïcien vers la conscience de soi, la croissance personnelle et l'amélioration des relations. En reconnaissant et en traitant les rechutes, en gérant les échecs avec la sagesse stoïcienne et en mettant en œuvre des stratégies à long terme pour une amélioration continue, vous pouvez maintenir votre croissance et votre résilience.

N'oubliez pas que les revers ne sont pas la fin du chemin mais des étapes importantes dans votre voyage. Chaque défi auquel vous faites face est une opportunité de pratiquer et d'approfondir vos vertus stoïciennes. Embrassez ces moments avec courage et détermination, sachant que chaque effort que vous faites vous rapproche du meilleur de vous-même.

Laissez la sagesse des stoïciens vous guider alors que vous affrontez les revers et que vous vous efforcez de vous améliorer continuellement. Avec dévouement et persévérance, vous cultivez la résilience, la sagesse et la compassion nécessaires pour surmonter les défis et atteindre une croissance et un épanouissement personnels durables.

Chapitre 12 : Une nouvelle voie à suivre

Synthétiser le stoïcisme dans votre identité

Alors que vous êtes au seuil d'un nouveau chapitre de votre vie, il est temps d'intégrer pleinement les principes stoïciens dans votre être même. Cette synthèse ne consiste pas seulement à appliquer des techniques mais à incarner l'essence du stoïcisme dans tous les aspects de votre vie.

1. Internaliser les vertus stoïciennes : Les vertus stoïciennes fondamentales de sagesse, de justice, de courage et de tempérance devraient désormais vous servir de principes directeurs. La sagesse vous permet de naviguer dans la vie avec clarté et perspicacité. La justice garantit que vos actions sont justes et équitables. Le courage vous aide à relever les défis avec courage, et la tempérance apporte l'équilibre et la maîtrise de soi. Ensemble, ces vertus façonnent votre identité et orientent vos actions.

2. Pratique cohérente : Incarner le stoïcisme nécessite une pratique continue. Faites des exercices et des réflexions stoïciennes une partie non négociable de votre routine quotidienne. La méditation régulière, la tenue d'un journal et l'introspection renforcent ces principes, ce qui en fait une seconde nature. Au fil du temps, ces pratiques deviendront non seulement des habitudes, mais feront partie intégrante de qui vous êtes.

3. Développer des habitudes stoïciennes : Les habitudes constituent le fondement de notre vie quotidienne. Cultivez des habitudes qui reflètent les valeurs stoïciennes. Pratiquez quotidiennement la gratitude, la communication consciente et l'empathie. Abordez les défis avec un état d'esprit calme et rationnel. En intégrant ces habitudes dans votre vie, les principes stoïciens deviennent une partie inhérente de votre identité.

4. Aligner les actions sur les valeurs : Alignez systématiquement vos actions sur les valeurs stoïciennes. Avant de prendre des décisions ou de réagir à des situations, demandez-vous si votre réponse est en harmonie avec les vertus stoïciennes. Cet alignement garantit que votre comportement reflète vos valeurs, renforçant ainsi votre identité de praticien stoïcien.

Célébrer la croissance personnelle et relationnelle

Votre voyage du narcissisme à la conscience de soi, à la croissance personnelle et à l'amélioration des relations est une réussite remarquable. Il est essentiel de reconnaître et de célébrer les progrès que vous avez réalisés, tant sur le plan personnel que relationnel.

1. Reconnaissez votre transformation : Réfléchissez à votre parcours et reconnaissez les progrès importants que vous avez accomplis. Reconnaissez le chemin parcouru depuis votre état initial de narcissisme jusqu'à devenir un individu plus conscient de lui-même et plus vertueux. Cette reconnaissance n'est pas une question d'ego mais une question d'honorer votre travail acharné et votre dévouement.

2. Célébrez les jalons : Célébrez les étapes importantes de votre voyage. Qu'il s'agisse d'une percée dans la conscience de soi, d'un changement positif dans une relation ou de l'application réussie d'un principe stoïcien, prenez le temps d'apprécier ces réalisations. Les célébrations renforcent les comportements positifs et motivent une croissance continue.

3. Appréciez l'amélioration des relations : Reconnaissez l'impact positif de votre transformation sur vos relations. Célébrez les liens plus profonds, la communication améliorée et l'empathie accrue que vous partagez désormais avec les autres. Ces améliorations relationnelles témoignent de votre croissance et de la puissance de la pratique stoïcienne.

4. Partagez votre gratitude : Exprimez votre gratitude à ceux qui vous ont soutenu tout au long de votre voyage. Remerciez les amis, les membres de votre famille et les mentors qui vous ont encouragé et guidé. Partager votre gratitude renforce ces relations et favorise un sentiment de communauté et de soutien.

Inspirer les autres tout au long de votre parcours

Votre voyage peut servir de lueur d'espoir et d'inspiration pour les autres. En partageant vos expériences et vos idées, vous pouvez inspirer les autres à s'engager sur leur propre chemin de conscience de soi et de croissance personnelle.

1. Montrer l'exemple : Le moyen le plus puissant d'inspirer les autres consiste à agir. Vivez votre vie conformément aux principes stoïciens. Faites preuve de sagesse, de justice, de courage et de tempérance dans vos interactions quotidiennes. Laissez votre comportement servir de témoignage vivant du pouvoir transformateur du stoïcisme.

2. Partagez votre histoire : Soyez ouvert sur votre parcours et les défis que vous avez surmontés. Partagez votre histoire à travers des conversations, des écrits ou des allocutions. En partageant vos expériences de manière vulnérable, vous pouvez vous connecter avec les autres et les inciter à poursuivre leur propre croissance.

3. Mentor et soutien : Offrez conseils et soutien à ceux qui le recherchent. Devenez un mentor auprès des personnes qui commencent leur voyage vers la conscience de soi et la croissance personnelle. Partagez vos connaissances, offrez des encouragements et soyez à l'écoute. Votre soutien peut faire une différence significative dans leur parcours.

4. Créer une communauté : Favoriser un sentiment de communauté parmi les autres praticiens stoïciens. Organisez des groupes de discussion, des ateliers ou des forums en ligne où les individus peuvent partager leurs expériences et apprendre les uns des autres. Construire une communauté de soutien et d'apprentissage partagé amplifie l'impact de la pratique stoïcienne.

À mesure que vous avancez sur cette nouvelle voie, n'oubliez pas que le voyage vers la conscience de soi, la croissance personnelle et l'amélioration des relations est continu. Chaque jour est l'occasion d'approfondir votre pratique, d'incarner les principes stoïciens et de poursuivre votre transformation.

En synthétisant le stoïcisme dans votre identité, en célébrant votre croissance et en inspirant les autres tout au long de votre voyage, vous contribuez à un monde où les individus aspirent à la vertu, à la sagesse et à des relations significatives. Vos progrès enrichissent non seulement votre vie, mais servent également de catalyseur de changements positifs dans la vie des autres.

Adoptez cette nouvelle voie avec confiance et détermination. Laissez la sagesse des stoïciens vous guider, le soutien de votre communauté vous élever et la reconnaissance de vos réalisations vous motiver. À chaque étape, vous vous rapprochez d'une vie de vertu, d'épanouissement et de relations profondes.

Le voyage est difficile, mais les récompenses sont immenses. Continuez à pratiquer, à réfléchir et à grandir. Laissez votre vie témoigner du pouvoir transformateur du stoïcisme, inspirant les autres à s'engager sur le chemin de la découverte de soi et de la croissance. Ensemble, nous pouvons créer un monde où prévalent la sagesse, la justice, le courage et la tempérance, conduisant à une vie plus riche et plus significative pour tous.

Conclusion

Réflexion sur le voyage

Alors que vous fermez ce livre et repensez au voyage que vous avez entrepris, il est essentiel d'apprécier la profonde transformation que vous avez initiée en vous-même. Depuis les premiers pas de conscience de soi jusqu'à la poursuite continue de la croissance personnelle et à l'établissement de relations plus profondes et plus significatives, votre chemin a été marqué par le courage, la résilience et l'engagement à devenir une meilleure version de vous-même.

N'oubliez pas que le chemin vers la conscience de soi et l'amélioration personnelle n'est pas linéaire. Elle est remplie de défis et de revers, mais ce sont ces mêmes obstacles qui ont forgé votre force et votre sagesse. Réfléchissez aux moments où vous avez affronté de front vos tendances narcissiques, où vous avez choisi l'empathie plutôt que l'ego et où vous vous êtes tourné vers les principes stoïciens pour guider vos actions et vos décisions. Chacun de ces moments témoigne de votre croissance et de votre détermination à vivre une vie vertueuse.

Récapitulatif des informations clés et des transformations

Tout au long de ce livre, nous avons exploré comment la sagesse intemporelle du stoïcisme peut transformer l'état d'esprit narcissique en un état d'esprit d'empathie, d'humilité et de force. Récapitulons quelques-unes des idées et transformations clés qui ont marqué votre parcours :

1. Conscience de soi et réflexion honnête : Reconnaître les tendances narcissiques et comprendre leurs racines était la première étape cruciale. Grâce à une réflexion honnête et à un examen de conscience attentif, vous avez appris à identifier et à affronter ces schémas.

2. Adopter les vertus stoïciennes : En adoptant les vertus stoïciennes de sagesse, de justice, de courage et de tempérance, vous avez développé un cadre pour une vie éthique et équilibrée. Ces vertus ont guidé vos actions, vous aidant à prendre des décisions alignées sur votre moi supérieur.

3. Surmonter l'ego et adopter l'empathie : L'une des transformations les plus significatives a été le passage de l'égocentrisme à l'empathie. En pratiquant la compassion et en cherchant à comprendre les autres, vous avez bâti des relations plus solides et plus significatives.

4. Communication efficace et résolution des conflits : Le stoïcisme vous a fourni des outils pour une communication claire et respectueuse. Vous avez appris à gérer les conflits avec sang-froid et rationalité, renforçant ainsi vos liens avec les autres.

5. Créer une pratique stoïcienne quotidienne : Intégrer le stoïcisme dans votre routine quotidienne a été crucial pour soutenir votre croissance. Grâce à la méditation, à la tenue d'un journal et à la réflexion, vous avez veillé à ce que les principes stoïciens restent une force directrice dans votre vie.

6. Résilience face aux revers : Accepter les revers comme opportunités de croissance a renforcé votre résilience. Vous avez appris à considérer les défis comme faisant partie du voyage et non comme des obstacles à votre progression.

Encouragement à une croissance continue

Votre voyage ne s'arrête pas là. Les principes et pratiques que vous avez appris sont des outils permanents qui continueront à soutenir votre croissance. Chaque jour est une nouvelle opportunité de pratiquer le stoïcisme, d'approfondir votre conscience de soi et de cultiver vos relations.

1. Restez engagé : L'engagement envers la croissance personnelle et la conscience de soi est continu. Continuez à pratiquer les exercices stoïciens, réfléchissez à vos actions et efforcez-vous d'incarner les vertus dans tous les aspects de votre vie.

2. **Recherchez la sagesse :** N'arrêtez jamais d'apprendre. Lisez et relisez des textes stoïciens, recherchez de nouvelles perspectives et engagez-vous avec une communauté d'individus partageant les mêmes idées. La sagesse est un voyage, pas une destination.

3. **Relevez les défis :** Considérez les défis non pas comme des revers mais comme des opportunités de renforcer votre pratique stoïcienne. Chaque obstacle est une chance d'appliquer vos apprentissages et de devenir plus fort.

4. **Favoriser les relations :** Continuez à construire et à entretenir des relations significatives. Faites preuve d'empathie, communiquez ouvertement et résolvez les conflits avec grâce. Les relations solides sont source de force et de joie.

Derniers mots de sagesse des penseurs stoïciens

En conclusion, laissez la sagesse intemporelle des penseurs stoïciens vous guider dans la suite de votre voyage :

Epictète : « Ce qui compte, ce n'est pas ce qui vous arrive, mais la façon dont vous y réagissez. » Vos réactions sont sous votre contrôle. Choisissez de répondre avec sagesse et vertu.

Marc Aurèle : « Vous avez du pouvoir sur votre esprit, pas sur les événements extérieurs. Réalisez-le et vous trouverez de la force. Concentrez-vous sur le contrôle de votre esprit et de vos actions et vous découvrirez la véritable force.

Sénèque : « Nous souffrons plus souvent en imagination qu'en réalité. » Ne vous laissez pas influencer par les peurs et les angoisses. Affrontez la réalité avec courage et rationalité.

Epictète : "Celui qui rit de lui-même ne manque jamais de raisons de rire." Embrassez l'humilité et apprenez à rire de vos propres défauts. Cela favorise la résilience et la joie.

Marc Aurèle : "Le bonheur de votre vie dépend de la qualité de vos pensées." Cultivez des pensées positives et vertueuses et votre vie reflétera cette paix intérieure.

Un nouveau départ

En sortant de ce livre, sachez que vous disposez des outils et de la sagesse nécessaires pour naviguer dans la vie avec résilience, compassion et détermination. Votre parcours est celui d'une croissance continue, marquée par la pratique quotidienne des vertus stoïciennes.

Profitez de chaque journée comme d'une opportunité d'apprendre, de grandir et de vous connecter plus profondément avec vous-même et avec les autres. Laissez les principes du stoïcisme vous guider, vous conduisant vers une vie d'épanouissement et de relations significatives. N'oubliez pas que le chemin que vous parcourez n'est pas seulement pour votre bénéfice, mais peut inspirer et élever ceux qui vous entourent.

Selon les mots de Sénèque : « Tant que vous vivez, continuez à apprendre à vivre. » Continuez à vous efforcer, continuez à apprendre et continuez à grandir. Votre parcours de conscience de soi, de croissance personnelle et d'amélioration des relations témoigne du pouvoir de la sagesse stoïcienne et de la force qui est en vous.

Avancez avec confiance et courage. Le meilleur est à venir.

Annexes

Ressources additionnelles

Alors que vous poursuivez votre chemin vers la conscience de soi, la croissance personnelle et l'amélioration des relations, disposer d'une multitude de ressources est inestimable. Cette annexe fournit une liste complète de ressources supplémentaires, de lectures recommandées, de communautés en ligne et d'exercices guidés pour soutenir et approfondir votre pratique stoïcienne.

Lectures recommandées et textes philosophiques

La sagesse de la philosophie stoïcienne est intemporelle et a été capturée dans de nombreux textes profonds. Voici une liste organisée de lectures essentielles qui fourniront des informations plus approfondies et une inspiration continue.

1. Textes stoïciens classiques :

- **Méditations de Marc Aurèle :** Un recueil d'écrits personnels de l'empereur romain qui propose de profondes réflexions sur la philosophie stoïcienne et des conseils pratiques pour vivre une vie vertueuse.

- **Lettres d'un stoïcien de Sénèque :** Une série de lettres qui fournissent des conseils éthiques et des idées pour gérer l'adversité avec sagesse et tranquillité.

- **Discours et Enchiridion d'Épictète :** Enseignements d'Épictète, ancien esclave devenu philosophe stoïcien, qui mettent l'accent sur le pouvoir de la liberté intérieure et l'importance de se concentrer sur ce que nous pouvons contrôler.

2. Interprétations modernes :

- **Le stoïcisme quotidien de Ryan Holiday et Stephen Hanselman :** Une dévotion quotidienne qui propose une leçon stoïcienne pour chaque jour de l'année, accompagnée de commentaires perspicaces.

- **L'obstacle est le chemin tracé par Ryan Holiday :** un guide pratique qui applique les principes stoïciens pour surmonter les défis et transformer l'adversité en avantage.
- **Comment être stoïcien par Massimo Pigliucci :** Une version moderne de la philosophie stoïcienne qui explore comment appliquer la sagesse stoïcienne dans la vie contemporaine.

3. **Textes philosophiques supplémentaires :**

- **Sur la brièveté de la vie par Sénèque :** Un essai qui nous encourage à tirer le meilleur parti de notre temps et à vivre une vie qui a un but.
- **L'Art de vivre d'Épictète :** Un recueil d'enseignements d'Épictète compilé par Sharon Lebell, offrant des conseils pratiques sur l'application des principes stoïciens à la vie quotidienne.
- **Un guide pour la belle vie par William B. Irvine :** Une introduction moderne au stoïcisme qui explore son histoire et

fournit des techniques pratiques pour vivre une vie épanouie.

Communautés en ligne et réseaux de soutien

S'engager avec une communauté de personnes partageant les mêmes idées peut apporter du soutien, de l'inspiration et un sentiment d'appartenance. Voici quelques communautés en ligne et réseaux de soutien où vous pouvez vous connecter avec d'autres praticiens stoïciens.

1. Reddit :

- **r/Stoïcisme :** Une communauté dynamique où vous pouvez discuter de la philosophie stoïcienne, partager des expériences et demander conseil à d'autres praticiens.

2. Groupes Facebook :

- **Groupe de stoïcisme :** Un groupe vaste et actif où les membres partagent des idées, des articles et s'engagent dans des discussions approfondies sur la pratique stoïcienne.

- **Discussion sur le stoïcisme :** Un espace pour des discussions philosophiques plus approfondies et des applications pratiques des principes stoïciens.

3. Forums et sites Web dédiés :

- **Bourse stoïcienne :** Un réseau mondial de groupes et de praticiens stoïciens. Il propose des rencontres locales, des discussions en ligne et des ressources pour approfondir votre pratique.
- **Stoïcisme moderne :** Une organisation dédiée à la promotion de la philosophie stoïcienne à travers des événements, des cours et du contenu en ligne. Il accueille la conférence annuelle Stoican et la Stoic Week, un événement mondial qui invite les gens à vivre comme un stoïcien pendant une semaine.

4. Applications et ressources numériques :

- **Application stoïque :** Une application mobile qui propose des citations quotidiennes, des exercices et des invités de journalisation pour soutenir votre pratique stoïcienne.
- **Stoa:** Une application qui combine théorie et pratique stoïciennes, proposant des méditations quotidiennes, des idées philosophiques et des réflexions guidées.

Exercices guidés et méditations

Les exercices pratiques et les méditations sont cruciaux pour intégrer les principes stoïciens dans votre vie quotidienne. Voici quelques exercices guidés et méditations pour vous aider à cultiver les vertus stoïciennes et à maintenir votre pratique.

1. Réflexions du matin et du soir :

- **Méditation du matin :** Commencez votre journée par une brève méditation axée sur des thèmes stoïciens tels que la gratitude, la définition d'intentions et la visualisation des défis potentiels. Réfléchissez à la manière dont vous pouvez appliquer les vertus stoïciennes tout au long de la journée.

- **Réflexion du soir :** Terminez votre journée par une réflexion sur vos actions et vos pensées. Évaluez dans quelle mesure vous avez incarné les principes stoïciens et réfléchissez à ce que vous avez appris des expériences de la journée.

2. Visualisation négative :

- **But:** Cet exercice vous aide à apprécier ce que vous avez en imaginant la perte des choses qui vous sont chères.

- **Entraînement guidé:** Passez quelques minutes à visualiser l'absence de quelque chose ou de quelqu'un qui est important pour vous. Réfléchissez à la façon dont cette perte vous affecterait et à la façon dont vous y ferez face. Cette pratique favorise la gratitude et la résilience.

3. Dichotomie du contrôle :

- **But:** Se concentrer sur ce qui est sous votre contrôle et abandonner ce qui ne l'est pas.

- **Entraînement guidé:** Identifiez une situation qui vous stresse. Divisez-le en aspects que vous pouvez contrôler (vos actions, pensées et réponses) et ceux que vous ne pouvez pas contrôler (les actions des autres, les événements externes). Concentrez votre énergie sur ce que vous pouvez influencer et libérez-vous des préoccupations concernant ce que vous ne pouvez pas influencer.

4. Invités de journalisation :

- **Entrées quotidiennes :** Utilisez des invités pour guider vos réflexions. Les exemples incluent : « Qu'est-ce que j'ai bien fait aujourd'hui ? » "Où ai-je échoué?" « Comment puis-je m'améliorer demain ? »

- **Journal de gratitude :** Écrivez régulièrement sur des choses pour lesquelles vous êtes reconnaissant. Cette pratique vous concentre sur les aspects positifs de votre vie et favorise le contentement.

5. Affirmations stoïciennes :

- **But:** renforcer les principes et les vertus stoïciennes.

- **Entraînement guidé:** Créez une liste d'affirmations qui résonnent avec les enseignements stoïciens. Exemples : « J'accepte ce que je ne peux pas changer et je me concentre sur ce que je peux. » "Je m'efforce de vivre en accord avec la nature et la raison." Répétez ces affirmations quotidiennement pour renforcer votre engagement envers les valeurs stoïciennes.

Les ressources fournies dans cette annexe sont conçues pour soutenir et approfondir votre pratique stoïcienne alors que vous poursuivez votre voyage vers la conscience de soi, la croissance personnelle et l'amélioration des relations. En vous engageant dans ces supports, communautés et exercices, vous trouverez une inspiration, un soutien et des outils pratiques continus pour vous aider à incarner les principes stoïciens dans tous les aspects de votre vie.

N'oubliez pas que le chemin vers la maîtrise est un processus continu d'apprentissage, de pratique et de réflexion. Embrassez ce voyage avec dévouement et persévérance, sachant que chaque pas que vous faites vous rapproche d'une vie de vertu, d'épanouissement et de relations significatives. Laissez la sagesse des stoïciens vous guider, le soutien de votre communauté vous élever et les idées issues de vos réflexions vous renforcer. Votre parcours témoigne de la puissance de la philosophie stoïcienne et de votre engagement envers la croissance et la transformation personnelles.

Glossaire des termes

Apathie : Un état d'absence de perturbations émotionnelles. Dans la philosophie stoïcienne, c'est la condition idéale où l'on ne se laisse pas influencer par les événements extérieurs mais maintient la paix intérieure.

Ataraxie : Un état de calme serein. Pour les stoïciens, cela représente la tranquillité d'esprit ultime, obtenue grâce à la pratique de la vertu et de la rationalité.

Dichotomie du contrôle : Un principe stoïcien fondamental qui fait la distinction entre ce qui est sous notre contrôle (nos propres pensées, actions et attitudes) et ce qui ne l'est pas (évènements externes et actions des autres).

Eudaimonia : Souvent traduit par « épanouissement » ou « bonne vie », il fait référence au bien humain le plus élevé dans la philosophie stoïcienne, obtenu en vivant conformément à la vertu.

Logos : Le principe rationnel qui régit l'univers dans la pensée stoïcienne. Elle est souvent assimilée à la nature, à la raison ou à Dieu.

Prohairesis : Le caractère moral ou la capacité de prendre des décisions fondées sur une pensée rationnelle. C'est l'aspect de soi qui est entièrement sous notre contrôle.

Sympathie : L'idée stoïcienne d'interdépendance et de préoccupation mutuelle entre tous les êtres. Il met l'accent sur notre humanité commune et la nécessité de prendre soin les uns des autres.

Vertu: Le bien le plus élevé de la philosophie stoïcienne, comprenant la sagesse, la justice, le courage et la tempérance. Vivre vertueusement est le chemin vers le vrai bonheur.

Sagesse: La capacité de naviguer dans la vie avec raison et perspicacité. Elle est considérée comme la vertu la plus importante, guidant la pratique de toutes les autres vertus.

Justice: Équité et droiture morale dans les relations avec les autres. Cela implique de traiter les gens avec respect et d'agir dans l'intérêt du bien commun.

Courage: La force d'affronter les peurs, les difficultés et les défis avec résilience et courage.

Tempérance: Maîtrise de soi et modération dans tous les aspects de la vie. C'est la capacité d'équilibrer les désirs et les actions conformément à la raison.

Indice

Guide de référence rapide sur des sujets et des idées importants

1. Comprendre le narcissisme :

5. Créer une pratique quotidienne :

- Concevoir une routine stoïcienne personnalisée : page 89
- Outils et ressources pour la pratique continue : page 110

6. Surmonter les revers :

- Reconnaître et traiter les rechutes : page 103
- Approches stoïciennes pour gérer l'échec : page 104
- Stratégies à long terme pour une amélioration continue : page 105

7. Citations stoïciennes inspirantes :

- D'Épictète, Marc Aurèle, Sénèque : Tout au long du livre

En utilisant ce glossaire, cet index et ce guide de référence rapide, vous pouvez facilement naviguer dans les concepts, exercices et ressources clés de « Le stoïcisme pour le narcissique : un chemin vers la conscience de soi, la croissance personnelle et l'amélioration des relations ». Ces outils vous aideront à approfondir votre compréhension et votre application de la philosophie stoïcienne, garantissant que votre cheminement vers une vie vertueuse et épanouissante soit à la fois complet et bien soutenu.